Edições Gratia Plena

Edições Gratia Plena
Rua Alemanha, 395 - A
Gov. Valadares/MG
35.057-020

**NOSSA SENHORA**
© Copyright 2021 Edições Gratia Plena

Reservam-se os direitos desta edição à
**EDIÇÕES GRATIA PLENA**

ISBN: 978-65-993460-2-6

Todos os direitos reservados. Proibido toda e qualquer reprodução desta edição, através de qualquer meio ou forma.

**Coordenação Editorial:**
Henrique Rodrigues Martins
Taís Souza Nunes Aguilar

**Diagramação:**
Henrique Rodrigues Martins
Mauro Luiz Alves Ferreira Filho

**Capa:**
Roberto Lopes Cruz Braga da Silva

**Revisão:**
Tatiana Corrêa da Silva

**Distribuição:**
Cedet – Centro de Desenvolvimento Profissional e Tecnológico
Rua Armando Strazzcappa, 490
CEP: 13087-605 – Campinas – SP
Telefone: 19-3249-0580
e-mail: livros@cedet.com.br

**cedet**

**Dados Internacionais de Catalogação na Publicação (CIP)**
**(Câmara Brasileira do Livro, SP, Brasil)**

S541n

Sheen, Fulton John. 1895-1979
Nossa Senhora / Venerável Fulton J. Sheen.
Governador Valadares, MG: Edições Gratia Plena, 2021.
144p.

ISBN: 978-65-993460-1-9

1. Devocionário  2. Espiritualidade Católica  3. Virgem Maria  I. Título

CDU: 246.3

Índices para Catálogo Sistemático
1. Cristianismo
2. Católicos romanos
3. Vida e práticas cristãs

# NOSSA SENHORA

## VENERÁVEL FULTON SHEEN

Edições Gratia Plena

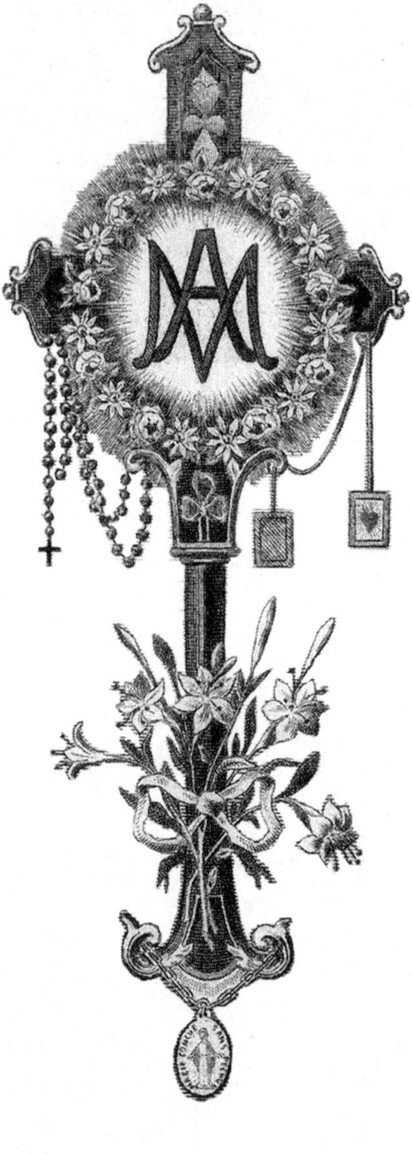

# SUMÁRIO

PREFÁCIO ................................................................ 7

NOSSA SENHORA DA MATERNIDADE ..................... 11

NOSSA SENHORA DA ESPERANÇA ........................... 21

NOSSA SENHORA DA ANUNCIAÇÃO ......................... 31

NOSSA SENHORA DO NATAL ..................................... 41

NOSSA SENHORA DO MUNDO .................................... 51

NOSSA SENHORA DO ROSÁRIO .................................. 61

NOSSA SENHORA DO AMOR ....................................... 73

NOSSA SENHORA DO SILÊNCIO ................................. 83

NOSSA SENHORA DA BONDADE ................................ 93

NOSSA SENHORA SEM PECADO ............................... 103

NOSSA SENHORA DA REDENÇÃO ............................ 113

NOSSA SENHORA DO SOL ......................................... 121

NOSSA SENHORA E A RÚSSIA .................................. 129

# PREFÁCIO

Em 1952, vi Monsenhor Fulton J. Sheen todas as terças-feiras à tarde, às 20h30min[1].

Todas as semanas, uns dez milhões de pessoas assistiam, como eu, às conferências que ele difundia do seu gabinete particular na 38ª estrada, sob os olhares de uma Nossa Senhora, na proeminência de uma grande Cruz que abraçava o mundo.

Monsenhor falava durante o programa Dumont, em televisão; à mesma hora em que Milton Berle, contratado por 30 milhões de dólares por 30 anos, mandava em delírio os seus tifosos para ambiente bem diverso.

À terça-feira eu tinha a impressão de que os meus amigos tinham compromissos secretos a satisfazer à tarde. Nas repartições, na rua, pelo telefone, diziam-me:

— Não, não… marquemos o encontro para às 09h30min… Antes disso não posso.

Um amigo judeu disse-me: "Sr. Padre, não poderíamos adiar a festa a favor da Aldeia dos rapazes de Bolonha para quarta-feira? É que… na terça-feira ninguém viria: está toda a gente em casa… para ouvir Monsenhor Sheen…"

E todas as terças-feiras havia milhões de olhos postos nele, na sua capa prelatícia, na Nossa Senhora que vigia por detrás dos seus ombros, alvejante com a luz da televisão e, ao mesmo tempo que o silêncio se tornava impressionante, o coração de todos batia como que impelido por uma estranha felicidade.

---

[1]. Fulton John Sheen faleceu em 8 de dezembro de 1979, 26 anos após primeira publicação desta obra. (N.E.)

— Meus senhores, muito obrigado por me permitirem entrar como hóspede, ainda esta tarde, em vossa casa...

Palavras que proferia todas as tardes, mas que não repetia nunca, porque tinham sempre um sabor novo.

Coisas simples, coisas da vida de todos os dias, palavras sobre aquelas realidades que tocamos com os dedos ou pensamos sempre, mas ditas com a magia de um artista e com a caridade de um santo.

Quando, em junho último deixei o aeroporto de Idle Wild, em Nova Iorque, a publicidade de Milton Berle estava em perigo. Ofereceram a Monsenhor Sheen perto de 100 mil dólares[2] para que mudasse o horário do seu programa. Sua Excelência Reverendíssima não aceitou.

Desde há mais de vinte anos que o público da América o ouve[3], desde aquele longínquo 1929 em que o filho do camponês Newton Morris e de Delta Fulton se fez padre; no entanto, não se cansa de o ouvir, nem tampouco ele se cansa de falar. Parece que os 40 livros que já publicou foram insuficientes para poder dizer tudo o que tem no coração.

Talvez por serem sempre novos os males que ele sabe curar.

Uma atriz inglesa que, meio ébria, entra na sua igreja e que, passando três meses, se faz religiosa de clausura para contemplar aquelas verdades que ele lhe anunciou e que não se veem nunca

---

2. O equivalente a 100 mill dólares em 1953 é de aproximadamente 1 milhão de dólares em 2021.(N.E.)

3. Por 20 anos Fulton J. Sheen apresentou o programa de rádio noturno *The Catholic Hour* na NBC (1930-1950). Seu maior destaque nos meios de comunicação foi apresentando o programa de TV *Life is Worth Living* pela DuMont Television Network. Por esse trabalho, Sheen ganhou duas vezes o prêmio Emmy de Personalidade Mais Notável da Televisão e foi capa da revista *Time*. A partir de 2009, seus programas estavam sendo retransmitidos na EWTN e nas redes a cabo do Canal da Igreja da *Trinity Broadcasting Network*. Devido à sua contribuição para a pregação na televisão, Sheen é frequentemente referido como um dos primeiros televangelistas. (N.E.)

com os olhos da carne; um ateu que vai ter com ele para provocar escândalo e acaba por se tornar um apóstolo; uma francesa que, à beira do suicídio, aos poucos volta a ter esperança e comunga todos os dias; uma judia convertida e expulsa de casa, a qual ele ajuda a abrir um pequeno instituto de beleza e que vive para praticar o bem, devem ter sentido a fascinação da Graça que penetra no coração, agridoce, ao influxo da sua palavra.

As crises que ele descreveu no livro "Âncoras Sobre o Abismo", os vácuos do coração humano, as desilusões, os desesperos, os hinos de regresso, a paz reencontrada, a felicidade perdida... devem ser as sínteses de tantos outros romances que ele tem tecido no seu ministério.

Nasceu em 1895, em El Paso, no Illinois. Entre 1919 e 1927 lecionou no colégio de Santo Edmundo em Ware, na Inglaterra; em Lovaina, obteve o doutoramento em filosofia e conquistou o grande prêmio Mercier. Depois, por pequeno espaço de tempo, foi sepultar-se numa igrejazinha, em Peoria, nos Estados Unidos, onde começou a falar às multidões; foi diretor da faculdade de Filosofia na Universidade Católica de Washington e em 1951, em Roma, foi sagrado Bispo Auxiliar de Nova Iorque.

Tem mantido até hoje o antigo regime de vida.

Levanta-se às seis. Vai para o seu gabinete de trabalho às nove. Todas as manhãs, depois da missa, demora-se na igreja durante uma hora. A única distração que ainda mantém é uma partida de tênis. O mais prolongado dos seus almoços não dura mais de vinte minutos. Na semana em que fala pela rádio ou pela televisão, chega a receber 25 mil cartas. De manhã, trabalha completamente só. À tarde, recebe os que querem falar com ele sobre as suas almas. Todos os dias passa pelos Escritórios da Propagação da Fé, para agradecer pessoalmente aos seus colaboradores.

Sinto-me feliz por poder divulgar estes pensamentos de Monsenhor Sheen sobre Nossa Senhora. Não conheço livro seu que não seja dedicado à Santíssima Virgem... Estrela dos náufragos, Aquela que sentiu a desolação e o vácuo que punge dolorosamente o coração dos pecadores, quando perdeu Jesus no Templo.

No breve colóquio que tive com Monsenhor Sheen no dia da sua Consagração Episcopal, recomendou-me ele vivamente que publicasse estes seus pensamentos da Virgem Maria.

É inegável que, ao percorrermos estas páginas, julgamos encontrar de novo o entusiasmo de São Bernardo, a originalidade de Chesterton e a imediata atualização do homem moderno da rua. Nos seus livros fala sempre de duas coisas: da paz e de Nossa Senhora.

Talvez seja interessante anotar que Sheen, no dialeto gaélico, significa paz. E não será inútil dizer que os seus ouvintes habituais sabem que ele é um enamorado de Maria.

Uma menina de Nova Iorque ouviu um dia Fulton J. Sheen falando pela rádio. Este nome não era completamente estranho para a menina que, voltando-se para a mãe, perguntou: "Quem é?... é aquele Fulton que é amigo de Nossa Senhora?"

O amigo de Nossa Senhora.

Aquela criança, na sua ingenuidade, deu-lhe um dos títulos mais verdadeiros. É talvez por isso que ele visitou Lourdes 23 vezes.

Leia. Talvez você sinta também vontade de fechar os olhos e de pensar.

Como eu, afinal. E, entre os dedos, sentirá que os espinhos têm a fragrância de uma rosa, recordando que uma mãe cobre de beijos o filho que, caindo, magoa-se mais... e que esta boa mãe tem talvez um beijo pronto também para você, como para mim.

PADRE HERMÍNIO CRIPPA, S. C. J.
da Aldeia dos Rapazes de Bolonha

# NOSSA SENHORA
# DA MATERNIDADE

O nosso mundo moderno é caracterizado por sinais profundos.

Nós estamos impregnados de ânsias e de medo.

Em tempos passados, temia-se Deus, mas era um temor bem diferente do que hoje nos agita; a preocupação de outrora era não O ofenderem, porque O amavam. Depois, as guerras mundiais infundiram no homem o terror dos seus semelhantes.

Hoje sentimo-nos aviltados e receosos diante do menor elemento do universo: o átomo!

O mal do indivíduo tornou-se o mal de toda a humanidade, a partir do dia em que foi lançada a primeira bomba atômica. A morte passou a ser, desde então, o pesadelo da sociedade e da civilização, e a Religião tornou-se, até mesmo em virtude de razões políticas, o fulcro da vida humana.

Na antiguidade, os babilônios, os gregos e os romanos bateram-se em nome das próprias divindades. Mais tarde o Islamismo oprimiu o mundo Cristão, reduzindo os 750 Bispos da África do século VII aos 5 do século XI. Mas o Islamismo não combateu Deus: lutou contra aqueles que acreditavam no Deus revelado em Jesus. A diferença das teorias consistia apenas na escolha dos meios para se chegar até Deus, considerado por todos como o fim da vida.

Hoje tudo mudou.

Já não há guerras de religião. Há a luta desenfreada contra toda a força, contra toda a ideia religiosa.

O comunismo não nega Deus com a mesma apatia de um estudante; ele quer destruir Deus. Não se limita a negar a Sua existência, mas perverte o Seu conceito. Quer substituir Deus pelo homem ditador e senhor do mundo.

Hoje somos forçados a escolher entre Deus e os Seus inimigos, entre democracia e fé em Deus, ateísmo e ditadura.

A preservação da civilização e da cultura está hoje intimamente ligada à defesa da religião. Se os inimigos de Deus devessem prevalecer, seria necessário refazer tudo.

Mas há uma terceira característica do mundo moderno: a tendência para se perder na natureza.

O homem, para ser feliz, deve manter dois íntimos contatos: um vertical, com Deus; o outro horizontal, com o seu próximo.

Hoje o homem interrompeu as relações com Deus através da indiferença e da apatia religiosa, e destruiu as relações sociais, com a guerra.

E como não se pode viver sem felicidade, procurou compensar os contatos perdidos com uma terceira dimensão de profundidade com que espera anular-se na natureza.

Aquele que antes se ufanava de ser feito à imagem e semelhança de Deus, começou a vangloriar-se de ser o criador de si próprio e de ter feito finalmente Deus à sua imagem e semelhança.

Deste falso humanismo começou a descida do humano para o animal.

O homem admitiu descender do animal, apressando-se a prová-lo imediatamente com uma bestialíssima guerra.

Mais recentemente ainda, o homem fez de si um todo único com a natureza, afirmando não ser mais que uma complexa composição química.

Recentemente denominou-se "O homem atômico". E assim a Teologia converteu-se em Psicologia, a Psicologia em Biologia, e esta em Física.

Podemos agora compreender o que disse Cournot[4], ao afirmar que no século XX Deus deixaria os homens em poder das leis mecânicas de que Ele mesmo é autor.

Deixai que eu me explique.

A bomba atômica atua sobre a humanidade como o álcool em excesso sobre um ser humano. Se um homem abusa do álcool e bebe demais, este revolta-se e fala nestes termos ao alcoolizado: "Deus criou-me, e pretendia que eu fosse utilizado racionalmente para curar e dar alegria, mas tu abusaste de mim. E por isso me revoltarei contra ti. A partir de agora sofrerás dores de cabeça, tonturas, mal de estômago; perderás o uso da razão e passarás a ser meu escravo, embora eu não tenha sido feito para isso."

Assim também se dá com o átomo; ele diz ao homem: "Deus criou-me e pôs no universo a energia atômica. É assim que o sol ilumina o mundo. A grande força que o Onipotente concentrou no meu coração foi criada para servir para fins pacíficos, para iluminar as vossas cidades, para impulsionar os vossos motores, para tornar mais leve o fardo dos homens. E afinal vós roubastes o fogo do céu, como o Prometeu da fábula, o utilizaste pela primeira vez para destruirdes cidades inteiras. A eletricidade não foi utilizada originariamente para matar um homem, mas a energia atômica serviu-vos para aniquilar milhares deles.

---

4. Antoine Augustin Cournot (1801-1877) foi um matemático e economista francês. (N.E.)

Por esta razão, me revoltarei contra vós, farei que temais aquilo que devíeis amar, e milhões de corações entre vós hão de tremer aterrorizados diante dos inimigos que vos farão o que vós fizestes; transformarei a humanidade num Frankenstein que se defenderá nos abrigos antiaéreos contra os monstros que vós criastes".

Não foi Deus que abandonou o mundo, mas o mundo que abandonou Deus, unindo a sua sorte à de uma natureza divorciada de Deus.

O significado da bomba atômica é este: o homem tornou-se o escravo da natureza e da física que Deus criara para o servirem.

Isto sugere uma pergunta: "Haverá ainda uma esperança?"

Sem dúvida, há uma esperança e grande!

A última esperança é Deus, mas nós estamos tão longe dEle que não conseguimos transpor com um salto o abismo que nos separa.

Temos de começar pelo mundo tal qual está, e o nosso mundo está completamente absorvido pela natureza, cujo símbolo é a bomba atômica. O sentido da Divindade parece assim distante.

Mas não haverá em toda a natureza algo de puro e de intacto com que nós possamos trilhar o caminho da reabilitação?

Há, sim: é aquela que Wodsworth[5] definia como "a única glória da natureza corrupta."

Essa esperança é a Mulher.

Não é uma deusa, não é de natureza divina, não tem direito a ser adorada, mas somente venerada, e saiu da matéria física e cósmica tão santa e tão boa, que quando Deus desceu à terra, foi a ela que escolheu para Sua Mãe e Senhora do mundo.

---

5. William Wordsworth (1770-1850) foi um poeta romântico inglês. (N.E.)

## NOSSA SENHORA

É particularmente curioso notar como a Teologia dos Russos, antes de o coração desse povo ser gelado pelas teorias dos inimigos de Deus, ensinava que Jesus foi enviado para iluminar o mundo, quando os homens repeliram o Pai Celeste. Depois prosseguia dizendo que quando o mundo tiver repelido Nosso Senhor, como agora faz, sairá da escura noite do pecado a Sua Mãe a iluminar a escuridão e a guiar o mundo no caminho da paz.

A bela revelação da Bem-aventurada Nossa Senhora em Fátima, em Portugal, entre os meses de abril e outubro de 1917, foi uma demonstração da tese russa: quando o mundo tiver esquecido o Salvador, Ele nos mandará Sua própria Mãe para nos salvar.

De fato, a sua maior revelação verificou-se no mesmo mês em que deflagrou a Revolução Bolchevista. O que nessa ocasião se disse, deixamos para outra transmissão.

Agora quero falar da Dança do Sol, ocorrida em 13 de outubro de 1917.

Os que amam a Mãe de Deus, Senhor Nosso, não necessitam de ulteriores demonstrações.

Uma vez que aqueles que desgraçadamente não conhecem nem a Um nem à Outra hão de preferir o testemunho dos que repelem tanto a Deus como a Mãe do mesmo Deus, ofereço-lhes a descrição do fenômeno feita pelo então ateu articulista do jornal português "O Século."

Ele foi um dos 60 mil espectadores que presenciaram o acontecimento. E descreve-o como "um espetáculo único e incrível... Vê-se a imensa multidão voltada para o sol que se apresenta liberto de nuvens em pleno meio-dia. O grande astro-rei lembra um disco de prata e podemos fitá-lo diretamente sem o menor incômodo ou perturbação... As pessoas, de cabeça descoberta e cheias de terror, abrem os olhos na intenção de analisarem o azul do céu. O sol tremeu e executou alguns movimentos bruscos sem precedentes e à margem de toda e qualquer lei cósmica. Segundo a expressão típica das pessoas do povo, o sol dançava. Girava em torno de si mesmo como uma peça de fogo de artifício e esteve quase a ponto de queimar a terra com os seus raios... Pertence às pessoas competentes pronunciarem-se sobre a dança macabra do sol que atualmente tem feito brotar, em Fátima, hosanas do peito dos fiéis, e tem até impressionado os livres pensadores e todos aqueles que não sentem o mínimo interesse pelos problemas religiosos."

Um outro jornal, "A Ordem", escreveu: "O sol, tão depressa, está circundado de chamas purpúreas, como aureolado de amarelo e de vários tons de vermelho. Parecia girar sobre si mesmo com um rápido movimento de rotação, afastando-se aparentemente do céu e aproximando-se da terra, sobre a qual irradiava forte calor."

Porque se serviu Deus Onipotente da única fonte de luz e de calor indispensável à natureza para nos revelar a mensagem de Nossa Senhora em 1917, quase no fim da Primeira Guerra Mundial, se os homens se não arrependeram? Apenas podemos fazer conjeturas. Quereria indicar que a bomba atômica havia de obscurecer o mundo como um sol cadente?

Não creio.

Penso antes que foi um sinal de esperança, a significar que Nossa Senhora nos ajudará a evitar a perversão da natureza, operada pelo homem. A Sagrada Escritura predisse: "Aparecerá, pois, no céu um grande prodígio, uma mulher que tinha por manto o sol" (Ap 12, 1.)

Durante séculos e séculos a Igreja tem cantado Maria escolhida como um Sol, bela como o sol que faz o giro do mundo, espargindo a sua luz por toda a parte até onde os homens não a quisessem, aquecendo o que está frio, abrindo os botões em flor, e dando força a quem é fraco.

Fátima não é uma admoestação, é uma esperança!

# NOSSA SENHORA

Ao mesmo tempo em que o homem toma o átomo e o desintegra para aniquilar o mundo, Maria agita o sol como um brinquedo dependurado no seu pulso, para convencer o mundo de que Deus conferiu um enorme poder à natureza, não para a morte, mas para a luz, para a vida, para a esperança.

O problema do mundo moderno não é a existência da graça, mas a existência da natureza e a sua necessidade da graça.

Maria é o anel de conjunção e assegura-nos que não seremos destruídos, porque a própria sede da energia atômica, o sol, é um brinquedo nas Suas mãos.

Assim como Cristo faz de medianeiro entre Deus e o homem, assim Ela faz de medianeira entre o mundo e Cristo.

À semelhança de um filho obstinado que, insurgindo-se contra o pai, tivesse abandonado a casa e que se dirigisse em primeiro lugar à mãe a pedir-lhe que intercedesse por ele, assim nós devemos proceder com Maria, a única criatura pura e sem mancha que pode interceder entre nós, filhos rebeldes, e o Seu Divino Filho.

Uma terceira guerra mundial não é necessária, e jamais o será, se tivermos por nós Nossa Senhora, contra o átomo.

A ciência fez todo o possível para que nos sentíssemos à nossa vontade sobre a terra. E eis que agora produz qualquer coisa que pode deixar-nos a todos sem uma casa, sem um abrigo. No meio deste temor, voltemo-nos para a Senhora que se encontrou sem um teto, pois "não havia lugar na hospedaria."

Realmente a Rússia desejaria conquistar o mundo para Satanás. Mas nós continuamos a esperar. Entre as criaturas, há uma mulher que pode aproximar-se do mal sem ser atingida por ele.

No princípio da história da humanidade, quando o Demônio tentou o homem para que substituísse o amor de Deus pelo egoísmo, Deus prometeu que o calcanhar de uma Mulher esmagaria a cabeça da Serpente.

Se se trata de uma cobra vermelha ou de um martelo que bate, ou de uma foice que corta, isso pouca importância tem para a Mulher através da qual Deus conquista na hora do mal. Começai por orar melhor do que jamais o fizestes. Recitai o Terço pela manhã enquanto andais a trabalhar, em casa, no tempo que tendes livre, e enquanto trabalhais no campo ou no celeiro.

Não haverá mais guerras, se rezarmos! Isto é absolutamente certo.

O povo russo não deve conquistar-se com a guerra; já bastante ele sofreu nestes últimos trinta e três anos!

É preciso esmagar o Comunismo. E isto pode conseguir-se com uma revolução interna.

A Rússia não tem uma, mas duas bombas atômicas.

A segunda bomba é o sofrimento do seu povo, que geme sob o jugo da escravidão. Quando esta explodir, o fará com uma força infinitamente superior à do átomo!

Também nós precisamos de uma revolução como a Rússia.

A nossa revolução deve vir do íntimo dos nossos corações; temos de reconstruir as nossas vidas. Assim, a revolução da Rússia deve partir do interior do país, repelindo o jugo de Satanás.

A Revolução Russa caminhará a par da nossa. Mas acima de tudo tenhamos esperança. Se o mundo estivesse sem esperança, julgais vós que Jesus vos teria mandado Sua Mãe com a energia atômica do sol às suas ordens?

Ó Maria, nós desterramos o Teu Divino Filho das nossas vidas, das nossas reuniões, da nossa educação e das nossas famílias. Vem tu com a luz do sol, como símbolo do Seu poder! Esmaga as nossas guerras, a nossa obscura inquietação. Tapa a boca dos

## NOSSA SENHORA

canhões em fogo de guerra. Liberta os nossos espíritos do átomo e as nossas almas do abuso da natureza. Faz-nos renascer da terra no Teu Divino Filho, a nós, pobres filhos já velhos!

No amor de Jesus!

# NOSSA SENHORA DA ESPERANÇA

Há neste público alguma mãe cujo filho se tenha distinguido nos campos de batalha ou na sua profissão? Se há, nós lhe pedimos: faça saber aos outros que o respeito havido para com ela não diminui, de modo algum, a honra ou a dignidade devida ao seu filho.

Por que há de então haver quem pense que todo o ato de reverência praticado para com a Mãe de Jesus diminui o poder dEle e a Sua divindade? Eu conheço a falsidade do ignorante que afirma que os católicos adoram Maria ou fazem dEla uma deusa; mas tal afirmação é uma mentira e, uma vez que neste público ninguém quererá tornar-se culpado de tamanha estupidez, não farei mais do que ignorar semelhante acusação.

Sabeis vós donde provém, na minha opinião, esta frieza e este esquecimento para com a Bendita Mãe, Nossa Senhora? Do fato de não advertirem que o Seu Filho, Jesus, é o eterno filho de Deus.

No momento em que colocam o Nosso Divino Senhor ao mesmo nível de Júlio César ou de Carlos Marx, de Buda ou de Darwin, isto é, como simples homem, então o pensamento de especial reverência a Sua Mãe como se fosse diferente das nossas mães torna-se, sem dúvida, repelente.

Toda pessoa pode dizer: Eu tenho a minha mãe, e a minha vale tanto como a vossa. É por esta razão que se tem escrito pouco sobre as mães dos grandes homens, porque cada mãe é considerada a melhor.

Nenhuma mãe de um mortal tem o direito de ser mais amada do que qualquer outra mãe. Por isso mesmo nenhum filho lembraria que se escolhesse a mãe de outrem como a Mãe das mães.

Consideremos o caso de São João Batista. Disse Nosso Senhor: "Ele é o homem maior que jamais foi gerado no seio de uma mulher."[6]

Suponde que se iniciava um culto para honrar sua mãe Isabel como superiora a todas as outras mães, qual de nós se não revoltaria considerando isto um exagero, pelo fato de João Batista ser um simples homem? Se Nosso Senhor fosse apenas um homem, ou um reformador moral, ou um sociólogo, eu seria o primeiro a partilhar do ressentimento do maior fanático ao ouvir que a mãe de Jesus era diferente de todas as outras mães.

O 4º Mandamento diz "Honra teu pai e tua mãe", mas não diz que se honre a mãe de Gandhi ou o pai de Napoleão.

Contudo, o Mandamento que nos manda honrar o nosso pai não nos impede de adorarmos o Pai Celeste. Se o Pai Celeste manda o Seu Filho a esta terra, então o Mandamento segundo o qual devemos honrar a nossa mãe da terra, não nos proíbe que veneremos a Mãe do Filho de Deus.

Se Maria fosse apenas a Mãe de outro homem, Ela não poderia ser também mãe nossa, porque os vínculos da carne são exclusivos demais para permitirem tal coisa. A carne só admite uma mãe. É bastante comprido o passo que separa uma mãe de uma madrasta, e bem poucos são os que podem dar esse passo.

---

6. Mateus 11, 11.

O Espírito, pelo contrário, admite uma outra mãe.

Como Maria é a Mãe de Deus, Ela pode ser igualmente a Mãe de todo aquele que Cristo remiu. O segredo para compreender Maria é este: o ponto de partida não é Maria: é Cristo, o Filho de Deus! Quanto menos penso nEle, menos penso nEla; quanto mais penso nEle, mais penso nEla; quanto mais adoro a divindade de Cristo, mais venero a maternidade de Nossa Senhora; quanto menos adoro a divindade de Cristo, menos razão tenho para respeitar Nossa Senhora.

Estou certo de que não mais quereria nem sequer ouvir pronunciar o nome dEla, se me tivesse tornado tão perverso que não acreditasse em Cristo, Filho de Deus!

Jamais encontrareis alguém que, amando verdadeiramente Nosso Senhor como Divino Salvador, não ame Maria. É o Seu Filho que torna a Sua maternidade diferente.

Recordo-me de um rapazinho numa nossa escola paroquial, que falava de Nossa Senhora a um professor, seu vizinho. O professor, um intelectual, um daqueles em quem há mais instrução do que inteligência, estava zombando do rapaz, dizendo-lhe: "Mas não há diferença alguma entre Ela (Nossa Senhora) e a minha mãe!" "Isso diz o senhor", respondeu o pequeno; "olhe que há uma enorme diferença entre os filhos".

Magnífica resposta!

Ela não é uma pessoa "privada, particular"; todas as outras o são. Não fomos nós que A fizemos diferente: encontramo-La diferente. Não fomos nós que escolhemos Maria: foi Ele que A escolheu.

Procuremos imaginar Jesus e Sua Mãe. Cristo é medianeiro entre Deus e a humanidade; Ela é medianeira entre Cristo e nós.

Em primeiro lugar, Nosso Senhor é o medianeiro entre Deus e o homem.

Um medianeiro é como uma ponte que une as margens de um rio, com a diferença de que aqui a ponte está entre o céu e a terra.

Do mesmo modo que vós não podeis tocar no telhado sem o auxílio de uma escada, assim o homem pecador não poderá atingir Deus sem o auxílio de Um que é ao mesmo tempo Deus e homem. Como homem, Ele poderia intervir em nosso nome, carregar com os nossos pecados; como Deus, todas as Suas palavras, milagres e morte teriam um valor infinito, e Ele poderia, por conseguinte, recuperar mais do que aquilo que perdemos.

Deus tornou-se homem sem deixar de ser nem Deus nem homem; é, portanto, nosso Medianeiro, nosso Salvador, nosso Divino Senhor.

E agora falemos de Maria. Ela é a medianeira entre Cristo e nós.

Ao estudarmos a vida divina de Cristo, ao vermos que Ele foi o primeiro fugitivo perseguido por um governo cruel, que trabalhou como carpinteiro, ensinou e remiu, nós sabemos que tudo começou quando Ele assumiu a natureza humana e se tornou homem. Se Ele nunca se tivesse tornado homem, jamais teríamos ouvido o Seu Sermão da Montanha, nem O teríamos nunca ouvido perdoar aos que Lhe trespassaram as mãos e os pés, pregando-O na Cruz. Maria deu a Nosso Senhor a natureza humana.

Ele pediu-lhe, a Ela, que Lhe desse uma vida humana, que Lhe desse mãos para abençoar as criancinhas, pés para ir em busca das ovelhinhas perdidas, olhos para chorar os amigos falecidos, e um corpo com o qual sofresse para poder dar-nos uma ressurreição em liberdade e amor.

Através dEla, Ele tornou-se a ponte entre o Divino e o humano. Deus não se fez homem sem Ela.

Sem Ela, não mais teríamos Nosso Senhor. Se tendes um cofre em que guardais o dinheiro, sabeis que a coisa a que sempre deveis prestar atenção é à chave.

Vós não pensais que a chave seja o dinheiro; mas sabeis que sem a chave não podeis ter o dinheiro.

Pois bem, Nossa Senhora é como esta chave. Sem Ela, não podíamos ter Nosso Senhor, porque Ele veio até nós por seu intermédio. Ela não deve ser comparada com Nosso Senhor, porque é uma criatura e Ele é o Criador! Mas se A perdêssemos, não poderíamos chegar até Ele. Eis a razão pela qual nós lhe prestamos tanta atenção; sem Ela, nunca poderíamos compreender como foi construída a ponte entre o céu e a terra!

Vós podeis objetar: "O Senhor me basta, não preciso dEla."

No entanto Ele teve necessidade dEla.

E o que mais importa: Nosso Senhor disse que nós tínhamos necessidade dEla, porque nos deu Sua Mãe como nossa Mãe.

Naquela sexta-feira que os homens chamam Santa, quando Cristo foi içado naquela cruz como estandarte da nossa salvação, Ele baixou o olhar sobre as duas criaturas mais preciosas que tinha na terra: Sua Mãe e João, o Seu discípulo amado.

Na primeira noite, durante a última Ceia, deixou-nos as Suas últimas vontades, dando-nos aquilo que nenhum homem ao morrer jamais pôde dar, isto é, a si mesmo na Santa Eucaristia. Desse modo, Ele ficaria conosco, como Ele disse, "sempre, até à consumação dos séculos".

Agora, nas escuras sombras do Calvário, Ele acrescenta uma alteração ao Seu testamento. Ali, ao pé da cruz – não prostrada, mas, como observa o Evangelho, de pé – estava Sua Mãe.

Como filho, pensou em Sua Mãe; como Salvador, em nós.

Assim nos deu Sua Mãe, dizendo: "Eis aí tua Mãe." E dirigindo-se a Ela, tratou-A com o título de uma maternidade universal – "Mulher" – e recomendou-Lhe cada um de nós: "Eis aí o teu filho."

Finalmente, é clara a descrição do Seu nascimento apresentada no Evangelho: Maria "deu à luz o Seu primogênito e reclinou-O numa manjedoura".

O Seu primogênito.

São Paulo chama-Lhe "o primogênito de todas as criaturas".

Quererá isto significar que Ela tem outros filhos?

Sem dúvida! Mas não carnalmente, porque Jesus era Seu Filho único; Ela havia de ter outros espiritualmente. Dentre estes, João é o primeiro aos pés da cruz, Pedro talvez o segundo, Tiago o terceiro, e nós o milionésimo dos milhões de filhos.

Ela deu à luz "na alegria" a Cristo que nos remiu; depois deu-nos à luz na dor, a nós a quem Cristo remiu.

Não figuradamente, não metaforicamente, mas em virtude de dores de parto, tornamo-nos filhos de Maria, irmãos de Jesus Cristo.

Assim como nós não afastamos do pensamento que Deus nos dá o Pai, por forma a podermos rezar Pai-Nosso, assim não recusamos o dom da Sua Mãe. Podemos mesmo rezar-Lhe e invocá-La: Mãe nossa. Assim, a queda do homem é reabilitada por uma outra árvore, a Cruz; por um outro Adão, Cristo; e por uma outra Eva, Maria.

A uma estátua que representa uma mãe segurando um filhinho não se pode tirar a mãe, na persuasão de conservar o filhinho.

Eliminar a Mãe é arruinar o Filho.

Todas as religiões do mundo se perdem em mitos e lendas, com exceção do Cristianismo.

Cristo está separado de todos os deuses do paganismo, porque está ligado à mulher e à história. "Nasceu da Virgem, padeceu sob Pôncio Pilatos".

Coventy Patmore[7] chama justamente a Maria "a nossa única salvadora com um Cristo abstrato". É mais fácil compreender-se Cristo manso e humilde de coração contemplando Sua Mãe.

Ela detém todas as grandes verdades do Cristianismo, como um pau que tem ligado a si o papagaio[8]. As crianças enrolam o fio do papagaio em volta de um pau e deixam-no depois desenrolar-se, quando o papagaio se ergue nos ares. Maria é como esse pedaço de madeira. À sua volta estão todos os preciosos nomes das grandes verdades da nossa Santa Fé: a Encarnação, a Eucaristia, a Igreja.

Por mais que nos afastemos da terra como o papagaio, temos sempre necessidade de Maria para termos unidas as doutrinas do Credo. Se largarmos o pedacinho de madeira, não mais teremos papagaio: se nos tirarem Maria, não mais teremos Nosso Senhor. Ele se perderia no céu, como o papagaio, e isso seria terrível para nós na terra.

Ela não nos impede de honrarmos Nosso Senhor. Não há nada mais cruel do que dizer que Ela afasta as almas de Cristo. Equivaleria a dizer que nosso Senhor escolheu uma Mãe egoísta: Ele que é o próprio amor! Eu não duvido afirmar-vos que, se Ela me tivesse afastado de Seu Filho, eu a renegaria.

Se eu chegasse a vossa casa e me recusasse a falar a vossa mãe, poderíeis vós acreditar que eu era vosso amigo? E que há de sentir Nosso Senhor por aqueles que nunca honram a Sua Mãe?

Não é Ela, a Mãe de Jesus, suficientemente boa para vós? Nunca teríamos possuído o nosso Divino Senhor, se Ele A não

---

7. Foi um poeta e crítico inglês do século XIX. (N.E.)
8. Papagaio é o mesmo que pipa, arraia, pandorga. (N.R.)

tivesse escolhido. Se no dia de juízo Nosso Senhor não tivesse outra acusação a fazer-me senão que eu amara demasiadamente Sua Mãe, que feliz eu seria!

Assim como o nosso amor não começa com Maria, assim também não termina com Maria. Maria é a janela através da qual a nossa humanidade tem uma primeira visão da divindade sobre a terra. Ela é talvez antes uma lente de aumentar, que intensifica o nosso amor pelo Seu Filho e torna as nossas orações mais ardentes e vivas!

Deus, que fez o sol, fez também a lua. A lua não tira o esplendor do sol. A lua seria somente um corpo sem luz vagueando na imensidade do espaço, se não existisse o sol. Toda a sua luz é refletida do sol. A Bendita Mãe reflete o seu Divino Filho. Sem Ele, Ela é nada.

Nas noites escuras, sentimo-nos gratos para com a lua. Quando a vejo brilhar, sei que deve existir o sol. Também nesta escura noite da vida, quando os homens voltam as costas Àquele que é a Luz do mundo, nós olhamos para Maria, a fim de que Ela guie os nossos passos enquanto aguardamos o alvorecer.

Pedi-vos que fizésseis esta experiência. Aqui me dirijo em especial a três grupos: os que desesperam, os pecadores e os confundidos; os que esgotaram todos os recursos humanos em busca da paz; os que estão cansados da vida e experimentam um profundo sentimento de vergonha e de culpa; e os que estão sem fé, cansados, céticos e cínicos. Começai a recitar o terço durante trinta dias. Não respondais: "Mas como posso eu rezar, se não creio?" Se vos tivésseis perdido na floresta e não esperásseis que ali perto houvesse alguém, mesmo assim não deixaríeis, com certeza, de gritar. Pois bem, principiai a orar. Ficareis surpreendidos. Maria vos responderá, eu prometo.

Nas guerras há soldados que morrem nos campos de batalha; muitos deles gritam no seu último desesperado desejo: "Quero a minha mãe". O maior de todos os soldados, ao morrer no campo de batalha do Calvário, não sentiu o impulso da natureza e deu uma maior prova de amor com o dar-nos Sua Mãe: "Eis aí a tua Mãe."

Possa cada um de nós, nestes dias de guerra e de ódio, quando todos os meios humanos falirem, gritar à nossa Mãe Celeste: "Mãe de Jesus: eu amo-te, eu quero-te. Intercede junto do teu Divino Filho pela paz no mundo."

No amor de Jesus!

# NOSSA SENHORA DA ANUNCIAÇÃO

Hoje vamos tratar de um dos mais belos temas do mundo: o mistério de Nossa Senhora Virgem Mãe.

Uma mulher pode conservar a sua virgindade por três razões:

Por nunca ter tido ocasião de casar;

Por não o ter querido fazer;

Por ter prometido a Deus conservar-se pura, apesar das inúmeras ocasiões que se lhe ofereceram.

Maria, Mãe de Deus, foi Virgem do terceiro modo. Enamorou-se de Deus na sua primeira infância. Foi amor belo e absoluto, primeiro e último, princípio e fim.

Eu creio que a Nossa Mãe fez voto de virgindade por se ter considerado indigna da imensa honra de dar a vida ao Salvador do mundo. E, no entanto, Ela tinha já um título de preferência sobre as outras mulheres, pois na Bíblia estava predito que o Senhor descenderia da casa de Davi (o grande Rei que vivera séculos antes) e Maria pertencia a essa geração real.

Como sabemos nós que Maria tinha feito voto de castidade? Pela sua resposta ao Anjo Gabriel.

O Anjo desceu da grande luz deslumbrante do trono para aparecer à Donzela inclinada em oração; deu-se a Anunciação: pela primeira vez depois de séculos, foi dada finalmente a boa-nova. Até ontem narrava-se a queda do homem por culpa de uma mulher; hoje, a Anunciação vem regenerar o homem por meio de uma mulher também.

É um Anjo que A saúda. O emissário de Deus, habituado a ser honrado pelos homens, desta vez não ordena, mas saúda Maria: "Ave, cheia de graça". E "Ave" quer dizer "alegra-te" e "a paz seja contigo." "Cheia de graça" significa "admirável" e "cumulada de todas as virtudes." Era como que uma afirmação em que o Anjo de Deus a declarava objeto da Divina complacência.

E a humilde Donzela ficou menos surpreendida com a aparição do Mensageiro Divino do que com a saudação e com o tom inesperado da divina apreciação.

Pouco depois, quando ela for visitar sua prima Isabel, ouvirá perguntar: "Como é que vem até mim a Mãe do meu Senhor?" Mas por agora compete a Maria perguntar "por que vem até mim o Anjo do meu Senhor?", e o Anjo apressa-se a dizer-Lhe a razão da visita.

Ela realizará em si mesma aquilo que o profeta Isaías anunciou sete séculos antes: "uma Virgem conceberá e dará à luz um filho que será chamado Emmanuel " (o Senhor está conosco). O Anjo, fazendo uma evidente alusão a esta profecia, diz-Lhe: "Tu conceberás no teu seio e darás à luz um filho a que porás o nome de Jesus. Este será grande e será chamado o Filho do Altíssimo; o Senhor Deus Lhe dará o trono de Davi, Seu Pai. Ele reinará eternamente sobre a casa de Jacó e o Seu reino jamais terá fim" (Lc 1, 30-33).

Esta grande honra constituía para Maria um problema grave, pois tinha consagrado corpo e alma a Deus. Deste modo, nunca poderia ser mãe. Diz ela: "Eu não conheço homem". Não desejo conhecer homem.

A Bíblia nunca fala de matrimônio em termos sensuais, mas como "conhecimento". Por exemplo: "José não conheceu Maria" (Mateus 1, 19). "Adão conheceu Eva e ela concebeu" (Gênesis 4, 1).

E isto porque Deus entendia que marido e mulher estivessem ligados um ao outro como a mente àquilo que conhece. Por exemplo, vós sabeis que dois mais dois fazem quatro e vós não podeis pensar em nada que se interponha entre o pensamento e este fato.

O vosso braço não está unido ao resto do vosso corpo tanto quanto está unida ao vosso espírito a coisa que vós conheceis. Tal é o indissolúvel vínculo entre marido e mulher.

Por isso Maria diz: "Como pode isso acontecer, se eu não conheço homem?" Maria não disse "eu nunca me casarei, de modo que nunca poderei ser a mãe de Jesus". Tal linguagem seria uma desobediência ao Anjo, que Lhe tinha pedido que se tornasse Mãe.

Tampouco disse "não quero casar-me, mas cumpra-se a vontade de Deus", porque isso não seria fidelidade a si mesma e ao seu voto. Maria queria ser iluminada acerca do seu dever; mas se, até então, a maternidade e a virgindade nunca tinha sido conciliáveis, como resolveria Deus o caso? A sua objeção à natividade virginal tinha uma base científica. Não podia, de certo, ser natural; logo, devia ser sobrenatural. Deus podia fazê-lo, mas como?

Muito antes de a biologia desenhar o seu ponto de interrogação diante do nascimento de uma virgem, Maria perguntou o científico "como?"

O Anjo responde que no Seu caso a natureza procedera sem amor de homem, mas não sem Amor Divino, porque a Terceira Pessoa da Santíssima Trindade, o Espírito Santo, que é o amor de Deus, desceria n'Ela e aquele que d'Ela havia de nascer seria chamado "o Filho de Deus".

Maria vê imediatamente que isto Lhe permitia conservar o seu voto!

Ela não pedia senão para amar a Deus.

No momento em que o Espírito de Amor tomou a sua alma, logo que Ela concebeu Cristo em si mesma verificou-se n'Ela o arrebatamento extático que as criaturas humanas em vão procuram, quando se tornam dois numa só carne.

No amor humano, o êxtase está primeiro no corpo e depois, indiretamente, na alma.

O Amor-Espírito fez Sua a alma de Maria e encheu-a, não de humano, mas de Divino Amor. A carne cai dos vértices do amor na saciedade, mas nesta união do amor humano com o Amor Divino, não há reflexo sobre si mesmos, mas apenas a alegria transparente do êxtase do espírito.

O Amor de Deus inflamaria o seu coração, o seu corpo e a sua alma de tal modo que quando Jesus nascesse, fosse possível dizer dele: "Este é o Filho do Amor".

Quando soube que o Amor de Deus devia substituir o amor humano e que Ela se tornaria Mãe continuando Virgem, no grande mistério da vida, Maria deu seu consentimento: "Faça-se segundo a Tua palavra", isto é, eu quero o que Deus na Sua sabedoria quer.

Naquele instante foi concebido o Verbo: "O verbo se fez carne e habitou entre nós".

Antes da queda, a mulher foi tirada do homem no êxtase do sono. Agora o Homem nasce da Mulher no êxtase do espírito.

Da Anunciação brota uma das verdades mais sublimes do mundo: a vocação da mulher para os supremos valores religiosos.

Maria está aqui para restaurar a inicial missão da mulher: ser A que traz Deus à humanidade.

Toda mãe que dá à luz uma criança faz isto porque a alma de cada indivíduo que nasce é infundida por Deus. Deste modo, ela torna-se uma cooperadora da Divindade; participa daquilo que só Deus pode dar.

Assim como o Sacerdote traz, no momento da consagração, o Salvador Crucificado ao Altar, assim toda a mãe traz, com o nascido na terra, na ordem da criação, o espírito saído das mãos de Deus.

Por isso Leon Bloy[9] diz: "Uma mulher é tanto mais mulher quanto mais santa".

Não quer isto dizer que as mulheres sejam por tendência mais religiosas do que os homens. Esta maneira de raciocinar é própria dos homens que se divorciaram dos seus ideais.

Tanto o homem como a mulher receberam de Deus, cada um, a sua missão própria e são complemento um ao outro, como o arco o é do violino.

Cada um deles pode ter o seu papel a representar na ordem da natureza. O homem pode comparar-se com o "animal" no seu desejo de possuir, na sua mobilidade e iniciativa.

A mulher pode comparar-se com a "flor", colocada entre o céu e a terra; na sua maternidade ela é como a terra; é céu na sua aspiração de florir no sentido do Divino. A caraterística do homem é dada pela iniciativa; a da mulher, pela cooperação.

Ele fala de liberdade; ela de simpatia, de amor, de sacrifício.

O homem coopera com a natureza; a mulher, com Deus.

O homem foi chamado a cultivar a terra: "governarás a terra"; a mulher, a ser portadora da vida que vem de Deus.

O recôndito desejo da mulher na história, o secreto desejo de todo o coração feminino realizou-se no instante em que Maria disse ao Anjo "fiat", faça-se em mim segundo a tua palavra.

---

9. Escritor francês. (N.E.)

Esta é a mais nobre das cooperações. Está aqui a essência da feminidade: aceitação, resignação, submissão. "Faça-se em mim": a jovem que não casa para tratar da mãe com o seu " fiat " de renúncia e sacrifício; a esposa que aceita o esposo na união da carne; a Santa que suporta as pequenas cruzes que o Senhor põe no seu caminho, e esta Mulher única que submete a sua alma ao Divino ministério de trazer no seu seio Deus feito homem, são todas gradações diversas na bela atuação da mulher, da sua vocação sublime, no dom total de aceitação dos desígnios Divinos e de submissão ao que vem do céu.

Maria chama-se a si mesma a Escrava do Senhor; isto é o que é toda mulher. Não o ser, implica diminuição da própria dignidade.

Os momentos mais infelizes são aqueles em que ela não pode dar; os momentos mais diabólicos são aqueles em que ela recusa dar.

Se lhe é negada toda e qualquer possibilidade à urgente necessidade de dar, ela experimenta um sentimento mais profundo de vácuo do que o sente o homem, exatamente pela maior profundidade da sua fonte de amor.

Quando uma mulher auxilia as missões, reza pelo mundo, visita os doentes nas horas livres das suas ocupações, oferece o seu auxílio voluntário nos hospitais, guarda os seus filhos, salva-se porque cumpre a sua missão de colaboradora de Deus.

A liturgia fala da mulher como realizadora do mistério do amor. E amar não quer dizer ter, possuir, ter como próprio, mas sim dar-se, não pertencer a si mesma, renunciar a si mesma. Dar-se toda pelos outros.

A mulher pode amar a Deus através das criaturas ou pode amá-Lo diretamente, como fez Maria; mas para ser feliz, ela deve trazer Deus ao homem.

Toda a mulher sente a necessidade no "mistério do amor ", não da união humana, mas da alma.

O homem fala de coisas, a mulher de pessoas.

O homem é impelido pelo amor do prazer, a mulher pelo prazer do amor; o seu significado é o enriquecimento que daí provém para a alma.

Em tão apaixonado instante, a mulher atinge a mais sublime plenitude do seu ser, por amor de Deus.

Como a terra, que se sujeita à necessidade da semente para que haja colheitas;

Como o enfermeiro, que se submete às exigências do doente para o curar;

Como a mulher, que aceita a exigência da carne por amor dos filhos;

Assim Maria aceita a vontade divina para redenção do mundo.

E o sacrifício está estritamente ligado à submissão. Submissão que não é passividade, mas ação ativa no esquecimento de si próprio.

A mulher é capaz de maior sacrifício do que o homem, porque ela é mais constante no amor e porque não é feliz sem a total doação da sua pessoa.

A mulher é feita para o que é sagrado; ela é instrumento do céu sobre a terra. Maria é exemplo máximo, modelo que reúne em si as mais profundas aspirações do coração de todas as filhas de Eva.

Virgindade e maternidade não são coisas inconciliáveis, como à primeira vista parece.

Toda a virgem é por tendência, mãe, e toda a mãe é tendencialmente virgem.

Toda a virgem sente a necessidade de se tornar mãe, ou física ou espiritualmente; e assim é que, se não desempenhar o papel de mãe, de enfermeira ou de educadora, o seu coração sente-se contrafeito e desgraçado como o barco gigantesco em águas baixas.

Ela tem a vocação de gerar a vida: quer na carne, quer no espírito, por meio da conversão.

Por outro lado, toda a mulher e mãe lastima a sua virgindade; não que ela queira reaver o que deu, mas para poder dar novamente, mais profundamente, mais piamente e com maior sentido do divino.

Em toda a virgindade há qualquer coisa de não completo, de não dado, de deixado, de contido.

Em toda a maternidade há qualquer coisa de perdido; algo de dado e de perdido irrevogavelmente.

Mas na virgindade de Maria nada é guardado: tudo está submetido; e nada é diminuído à Sua Maternidade.

Seara sem perda de semente - Outono em eterna primavera - Submissão sem espoliação - Virgem Mãe!

Melodia única saída do violino da criação de Deus, sem rompimento de cordas!

Quereis pedir-Lhe, ó mulheres, para serdes vós as portadoras de Deus ao homem? Quereis pedir-Lhe, ó homens, para poderdes conhecer a bondade de Deus ao dar-vos Nossa Senhora?

E possa Ela, Virgem Mãe, em quem o próprio Amor se tornou escravo, escutar a nossa prece pela conversão da Rússia.

Que Ela nos permita evitar a guerra, nos ajude a tornar-nos de novo prudentes, possa Ela ser a "Sedutora" que conquista o nosso amor para nos reconduzir a Cristo.

No amor de Jesus!

# NOSSA SENHORA DO NATAL

Hoje vamos falar de um fato maravilhoso, único na história do mundo: o nascimento de Jesus da Virgem.

Pode parecer um fato impossível, mas nada é impossível a Deus.

E queremos prová-lo, limitando-nos a pôr dois problemas:

Por que acreditamos no nascimento de Jesus de uma Virgem?

Era conveniente que Deus escolhesse este meio? Podemos, sem dúvida, crer nesta verdade, porque é revelada. Prefiro, no entanto, considerá-la como um fato histórico.

É historicamente certo que Jesus nasceu de Maria Virgem, como é certo César ter morrido nos idos de março.

O fato de a Bíblia ser inspirada por Deus, certifica-nos sobre as verdades afirmadas. Isto, porém, não evita que consideremos o nascimento de Jesus como um fato histórico normal.

Muita gente crê que o Evangelho foi o primeiro critério de verdade do mundo cristão. Todavia, alguma coisa existiu anteriormente aos escritos do Novo Testamento: a catequese oral da Igreja.

A Igreja teve mártires antes de ter sido escrito um livro sequer do Novo Testamento, e o Papa continuava a obra de Jesus e falava em Seu nome, antes de se ter escrito uma linha das Epístolas e dos Evangelhos. Jesus não mandou escrever, mas sim ensinar, e primeiro havia proclamado: "Quem vos ouve, a mim ouve!"

O Evangelho saiu da Igreja, e não a Igreja do Evangelho.

Quando se compilaram, os Evangelhos não foram mais do que a síntese inspirada da Catequese oral aos Apóstolos.

A Igreja iniciou os Evangelhos, precedeu-os.

É errada a teoria de a Igreja ter sido fundada como um resultado das teorias codificadas no Evangelho.

Do mesmo modo que os patriotas da guerra da Independência precederam a Constituição da Unidade Americana, assim a Igreja procedeu os Evangelhos, os quais, em última análise, não foram mais do que a síntese inspirada da Catequese primitiva. São Lucas explicou ao seu amigo Teófilo que tinha escrito para que ele pudesse "conhecer a verdade das palavras em que fora instituído."

O nascimento de Jesus constituiu um fato histórico, tal como a crucifixão. Não acreditaram nele por ter sido escrito, mas foi escrito, porque era verdadeiro.

O Credo Apostólico não menciona os Evangelhos, embora contenha dos Evangelhos uma síntese definida.

Ora, um dos fatos recordados no Credo é que o Senhor "nasceu de Maria Virgem."

Parece-me interessante e curioso que Lucas, o médico, aquele dentre os Evangelistas que mais devia pôr em dúvida o fato, seja exatamente quem mais fala dele. Quem lhe podia ter ensinado senão a Catequese primitiva, baseada num fato histórico, acontecido e comprovado?

Não quero ofender a vossa inteligência com o alongar-me sobre o absurdo apresentado por "um só escritor" que fala de irmãos do Senhor, de modo que Maria não teria sido Virgem.

Quando um pregador se dirige do púlpito aos seus ouvintes com uns "meus caros irmãos", não quer dizer que sejam todos filhos de uma mesma mãe.

A palavra "irmão" é empregada nas Sagradas Escrituras com um sentido muito lato, que abrange não só parentes, mas até amigos. É assim que Abraão chama irmão a Lot.

Alguns que são chamados irmãos de Jesus, Tiago e José, são filhos de outra Maria, irmã da mãe de Jesus e mulher de Cléofas.

E Tiago, que é particularmente designado como irmão de Jesus, é nomeado regularmente, na enumeração dos Apóstolos, como filho de um outro pai. (Mateus 10, 3; Marcos 3, 18; Lucas 6, 55).

E agora a segunda pergunta.

Por que foi que o Cristo filho de Deus quis nascer de uma Virgem?

Se gostais de mistérios, aqui tendes um.

O essencial do problema, sob o aspecto que nos interessa, é isto: como podia Deus fazer-se homem e permanecer sem pecado?

Ele devia ser homem no sentido mais completo, para poder agir em nosso lugar, para implorar a nossa defesa e pagar as nossas dívidas.

Por outro lado, porém, Ele não poderia ser nosso Redentor se, como nós, tivesse nascido com o pecado original.

A ser assim, também Ele teria de ser remido.

Se eu estiver a afogar-me, não posso prestar auxílio a outrem que esteja igualmente prestes a afogar-se.

Nosso Senhor tinha de ser isento de toda a culpa da humanidade, para poder ser o Salvador.

Este é o problema, como vedes. Procuramos resolvê-lo.

Como podia Deus fazer-se homem e permanecer sem pecado?

Como podia Ele, conforme diz S. Paulo, "ser como nós em tudo, menos no pecado?".

Só podia fazer-se homem, nascendo de uma mulher.

Dentro da economia ordinária da Divina Providência, só devia ser isento de pecado original nascendo de uma Virgem.

É óbvio que, nascendo de uma mulher, teria feito parte da nossa humanidade.

E como podia torná-Lo sem pecado o nascer de uma Virgem?

O pecado original transmite-se no homem através do ato da geração, ato que em si mesmo é sem culpa.

Se Nosso Senhor queria iniciar uma humanidade nova e interromper o que era mal desde o tempo de Adão, Ele tinha de evitar o ato da geração por meio do homem.

O nascimento da Virgem foi como que uma comporta num canal. Um barco que estivesse navegando em águas pútridas e baixas e desejasse navegar em águas mais altas e mais puras, não pode passar dumas para as outras diretamente; aliás, as duas águas, juntando-se, se contaminariam. Mas se entre as duas águas houvesse uma comporta pela qual o barco pudesse passar, mantendo-se as águas separadas uma da outra, já o barco podia passar das águas baixas apodrecidas para as altas e límpidas, continuando sempre a sua navegação.

A natividade dividia uma da outra.

Mantinha-se uma continuidade da natureza humana e uma interrupção do pecado.

A natividade dividia uma da outra.

Por que havemos de admirar-nos tanto diante de uma geração sem intervenção humana?

A primeira mulher foi criada assim. E vós, não fostes batizados? Nesse caso também tivestes, em certo modo, um nascimento virginal.

Diz São João, no Seu Evangelho, que nós, pertencendo a Cristo, nascemos não do sangue, nem da carne, nem da vontade humana, mas do poder de Deus.

Isto explica a Natividade; a não ser assim, como poderia o cristão compreender uma geração sem intervenção humana, sem a carne?

A natividade é ideia de Deus, e não dos homens.

Eu não creio que algum de nós possa pensar de outro modo.

Eu compreendo que aqueles que negam ser Jesus o Filho de Deus vivo não possam crer na natividade virginal; eu mesmo a consideraria fantasiosa e impossível, se não acreditasse, Deus me salve, que Cristo é verdadeiro Deus e verdadeiro Homem.

Procurai compreender o sentido de decoro que tem para a humanidade o parto virginal.

Não há amor humano, quer entre amigos, quer entre marido e mulher, que seja perfeito. Tem falhas, altos e baixos, e por vezes atinge a saturação.

Os primeiros dias depois do matrimônio chamam-se lua de mel, porque são doces como o mel, mutáveis como a lua.

O melhor amor humano não é mais que um reflexo do Divino. Do mesmo modo que a lua recebe a sua luz do sol, assim todo o amor recebe a sua vida de Deus.

Eu digo aos noivos, quando presido, junto do altar, ao seu casamento: "Se uma centelha de amor humano é tão luminosa, que não será a própria chama?" "Se um coração humano assim se pode arrebatar, que será o coração de Deus?".

Que conforto não representa para nós, pobres homens, o sabermos que houve uma alma que pôde ser esposa não da centelha, mas da Chama!

No meio de todos os amores reflexos que recebem a sua luz do sol divino, houve uma alma digna de ser eleita para amar a Deus, para ser a Noiva, a Esposa do Espírito de Amor.

O Espírito invadiu-a, penetrou-a tão profundamente que dEla nasceu o próprio Deus; e assim, como disse o Anjo na Anunciação: "o Espírito Santo te cobrirá e Aquele que de ti nascer será chamado o filho de Deus!".

A diferença entre o homem e a mulher é esta: o homem receia a morte; a mulher receia não viver.

Ela tem a missão de dar a vida, mas por Maria. A vida que há de vir ao mundo virá da grande chama de amor do Espírito Santo, e não do pobre esplendor humano.

Não há nascimento sem amor, mas é possível nascimento sem amor humano; é este o sentido da Natividade.

Amor Divino que atua sem a carne, pelo qual Maria pôde conter em Si mesma Aquele que o céu não pode conter.

E foi o princípio da propagação da fé em Jesus Cristo Senhor nosso, porque o seu corpo virginal é novo Éden, no qual se realizam as núpcias entre Deus e o homem.

A vontade de Deus quis demonstrar como a virgindade e a maternidade são necessárias ao mundo, as quais se uniram nesta Mulher única. Nela está unido aquilo que nos outros mortais está separado.

A mãe é a guarda da virgem, e a virgem é a inspiração da maternidade.

Sem mães, não haveria virgens na geração que se segue.

Sem virgens, as mães podiam esquecer o ideal sublime que vive para além da carne.

Completam-se mutuamente, como o sol e a chuva. Sem sol não haveria nuvens, e sem nuvens não haveria chuva. As nuvens, como a maternidade, cedem algo para fecundar a terra, enquanto o sol, como a Virgem, compensa a perda, reconduzindo da terra ao céu as gotazinhas caídas.

Como é belo ver-se que Aquele que no céu foi gerado sem mãe, na terra nasce sem pai.

Sereis capazes de imaginar uma ave que construa o ninho em que havia de vir à luz?

Impossível, porque a ave teria de existir antes de poder construir o próprio ninho. Mas foi o que aconteceu, quando Deus escolheu Maria para Sua Mãe.

Ele pensou nEla desde toda a eternidade e fez de Sua Mãe o ninho em que havia de se encarnar.

É frequente ouvir-se dizer: "pareces-te com o teu pai" ou "és parecido com tua mãe", "tens os olhos azuis como a tua mãe", "possues o expediente do teu pai".

Mas Nosso Senhor não teve pai sobre a terra. De quem recebeu Ele o seu belo Rosto, o seu Corpo forte, o seu Sangue puro, a sua Boca sensível, os seus Dedos delicados, senão de sua Mãe?

De quem obteve Ele a sua Divindade, o Seu Espírito Divino, que conhece todas as coisas até os nossos pensamentos mais secretos, o Seu poder Divino sobre a vida e sobre a morte, senão do Pai Celeste?

É minha convicção que Jesus quis que, assim como Ele foi formado "fisicamente" por Maria, assim nós fôssemos formados "espiritualmente" por Ela.

Quem pode saber melhor formar um cristão do que Aquela que formou o próprio Cristo?

Por isso o Senhor no-La deu da Cruz, dizendo: "Eis aí a tua Mãe", e por isso Lhe confiou cada um de nós como filho.

É dolorosíssimo não conhecer o próprio pai, mas eu sinto ainda maior piedade pelos milhões de homens que não conhecem a sua Mãe Celeste.

E eu serei o homem mais feliz do mundo, se alguma coisa do que disse nesta radiotransmissão[10] tiver impressionado um só de vós, para fazer amar a Nossa Mãe, para que Ela possa formar Jesus na vossa mente, no vosso coração, na vossa alma.

E se, no decorrer dos anos, alguém vos perguntar como alcançastes o vosso amor, em Cristo, pelos pobres e o vosso espírito, em Cristo, para ajudardes as missões e difundires a Fé em regiões longínquas, a vossa resposta será: "imitando Maria".

No amor de Jesus!

---

10. Conforme mencionado no "Prefácio", Fulton Sheen comandava um programa semanal em uma emissora norte-americana. (N.E.)

# NOSSA SENHORA DO MUNDO

Um missionário da tribo Bantu do Congo, na África, veio ao meu gabinete e contou-me esta história. Uma criança tinha adquirido uma tosse violenta e perniciosa, e a mãe Bantu cuidava que os espíritos do mal afligiam o seu filhinho. Nunca passara pelo espírito da mulher recorrer a Deus, não obstante os Bantus terem um nome para invocar Deus: Nzakomiba.

Para aquela gente, Deus é completamente estranho, e presumivelmente desinteressa-se das suas dores humanas.

Esta é a característica basilar das terras de missão. Os pagãos preocupam-se mais em aplacar os espíritos malignos do que em amar a Deus.

A irmã missionária que tratava do menino, procurou em vão convencer a mulher de que Deus é amor. Por último, perguntou-lhe como se podia exprimir em Bantu a frase "o amor materno".

A resposta foi uma palavra completamente diversa: Eefee.

Então a Irmã missionária disse: "Mas o amor de Deus é como esse Nzakomb'acok'Eefee. Deus tem por nós o mesmo sentimento de afeição que tem uma mãe pelos seus filhinhos". Por outras palavras, o amor materno é o símbolo do amor de Deus. E a Bantu compreendeu.

Este fato põe em evidência uma pergunta verdadeiramente importante: pode existir uma Religião sem a maternidade?

Certamente não existe sem a paternidade, visto uma das mais verdadeiras descrições de Deus ser a que põe em relevo a Sua Providência.

Mas uma vez que a maternidade é tão necessária na ordem natural, poderá existir uma Religião sem a figura de uma mulher que ama?

No reino animal as mães combatem pelos seus filhos recém-nascidos, enquanto os pais muitas vezes os abandonam.

Entre os homens, a vida seria sombria e triste, se a cada palpitação nossa não pudéssemos pensar com gratidão numa mãe que nos abre as portas da vida e depois a sustém com o maior e insubstituível amor do universo.

Uma mulher é uma criatura essencialmente ligada ao tempo, pois ainda viva pode tornar-se viúva; uma mãe está acima do tempo. Ela morre, mas é sempre uma mãe.

Ela é a imagem da eternidade, a sombra do infinito, mas finito.

Os séculos e as civilizações dissolvem-se, mas a mãe é a concessora de vida. O homem trabalha na sua geração, a mãe na geração futura. Um homem consome a sua vida, uma mãe renova-a.

O homem cria fama de si mesmo, se for um herói, isto é, se concentrar num momento as suas paixões e as suas energias a favor de uma pessoa ou da sua terra. A mãe nunca é espetacular. Os seus heroísmos são de todas as horas e todos os dias, ocupando-se dos filhos, cuidando das suas feridas, guardando a casa e sendo uma mulher, tornando grande o que é simples. Ela multiplica na sombra os seus sacrifícios ignorados, silenciosa.

É inconcebível que um tal amor não tenha um protótipo materno.

# NOSSA SENHORA

Quando se veem milhares de reproduções da "Imaculada Conceição" de Murillo[11], compreende que deve haver um modelo do qual se fez uma imitação. Se a paternidade tem o seu protótipo no pai Celeste, Dispensador de todos os dons, por certo que uma coisa tão bela e tão grande como é a Maternidade deve ter um modelo original de mãe, inspiração para todas as mães do mundo.

O respeito demonstrado pela mulher visa a um ideal que está por detrás de toda a mulher.

Se todos os povos pré-cristãos pintaram, esculpiram, cantaram e sonharam uma mulher ideal, por que não havíamos de crer verdadeiramente que ela houvesse de aparecer um dia? Eles subtraíram-na ao domínio do tempo e fizeram-na mais celeste do que terrestre.

Reparai, por exemplo, na belíssima lenda de Kwanyin, a deusa chinesa da Misericórdia, à qual tantas súplicas foram dirigidas por lábios chineses. Segundo a lenda, esta princesa viveu na China centenas de anos antes do nascimento de Cristo. Seu pai, o Rei, queria dá-la em casamento. Ela, porém, resolveu conservar a própria virgindade, e refugiou-se num convento.

O pai, irado, queimou o convento e obrigou-a a voltar para o seu palácio.

Colocada na alternativa de casar-se ou morrer, ela insistiu no seu voto de virgindade, e o pai estrangulou-a. O seu corpo foi levado ao inferno por um tigre. E foi ali que ela obteve o título de "deusa da misericórdia".

A sua intercessão pela misericórdia foi tão poderosa e ela impressionou tanto o coração do inferno, que os demônios lhe ordenaram que fosse embora. Eles temiam que ela convertesse aquele lugar num deserto.

---

11. Refere-se ao artista espanhol Bartolomé Esteban Murillo, 1617-1682. (N.E.)

Retirou-se então para uma ilha, onde ainda hoje os peregrinos vão em romaria até seu trono.

Os chineses têm-na pintado algumas vezes com a imagem de Deus sobre a cabeça e conduzindo os crentes ao paraíso, conquanto ela se recuse a entrar enquanto houver uma alma para introduzir nele.

Em África, a mãe desempenha um papel importante na administração da justiça da tribo. Na Uganda Norte Oriental, onde os padres brancos trabalham com singular zelo e êxito, todas as decisões mais importantes, até mesmo a celebração da coroação do Rei, têm de ser ratificadas pela Rainha Mãe.

O seu juízo é definitivo. Quando a Rainha Mãe vem ao palácio do seu filho, o Rei, é ela que dita as leis, em seu lugar.

Uma das razões pelas quais não houve mais de dois mártires entre os famosos mártires da Uganda, é o fato de a Rainha Mãe ter intercedido por eles.

O Rei Mutari II e sua Mãe converteram-se. Muitos dos povos governados por este Rei e pela Rainha sua Mãe foram personagens do filme "As minas do Rei Salomão".

Os nossos missionários revelaram-nos as mais sensacionais novidades acontecidas nos territórios de Missão à passagem de Nossa Senhora peregrina.

No Norte do Nepal, a 300 católicos reuniram-se 3.000 hindus e maometanos, enquanto quatro elefantes transportavam a imagem à pequena igreja para o Rosário e a Bênção.

O Governador de Naiad leu uma saudação de boas-vindas. Durante doze horas, a multidão constituída quase exclusivamente por não-cristãos, passou pela igreja, enquanto as Missas foram celebradas ininterruptamente desde as duas da madrugada até às nove e meia. Um velho indiano disse: "Ela mostrou-nos que a vossa religião é sincera; não é como a nossa. A vossa religião é de amor; a nossa é de medo"!

## NOSSA SENHORA

Em Patna, o brâmane hindu, governador da província, visitou a igreja e orou diante da imagem de Nossa Senhora. Numa aldeiazinha de Kesra, Cec, mais de 24.000 pessoas vieram rezar a Nossa Senhora. O Rajá enviou 250 rúpias e sua mulher recomendou que rezassem.

Em Karachi, os maometanos abriram uma exceção. Anteriormente, todas as vezes que os cristãos passavam com uma procissão diante de uma mesquita, tinham de interromper as suas preces.

Mas nesta ocasião os maometanos permitiram-lhes que orassem diante da mesquita, porque os maometanos honram Maria e a Sua Imaculada Conceição.

Por meio dEla, um dia serão levados a Cristo.

Quando se estuda História, nota-se que, tanto antes como depois do advento de Cristo, existe em todo o ser humano a aspiração de conhecer a maternidade ideal.

Desde tempos remotíssimos até Maria, através das muitas proféticas Judite e Ruth, e olhando para trás do tempo presente através da neblina dos séculos, todos os corações quiseram encontrar nEla o repouso. Esta é a mulher ideal!

Ela é a Mãe. Não admira que uma anciã, Isabel, ao contemplar do limiar da porta a Sua beleza, tivesse exclamado: "Tu és bendita entre todas as mulheres!"

E esta jovem futura mãe, Maria, longe de repudiar uma tão alta glorificação do seu privilégio, vai mais além, antecipando o juízo de todos os tempos e de todos os povos que hão de cantar os Seus louvores.

As mulheres vivem poucos anos, e a grande maioria dos mortos cai no esquecimento.

Maria sabe que vai ser uma exceção.

Ousando profetizar que a lei do esquecimento será suspensa a seu favor, Ela proclama a terna recordação que dEla haverá, antes mesmo de nascer o Filho que A fará eternamente célebre.

Nosso Senhor ainda não realizou um milagre; as Suas mãos ainda não pousam sobre membros paralisados; está só desde há poucos meses guardado nEla como num tabernáculo. E já esta Mulher olha ao longe, para os distantes caminhos do tempo e, vendo os povos desconhecidos da Ásia, da China, do Japão, Ela proclama com absoluta certeza: "A partir deste momento, todas as gerações me chamarão bem-aventurada".

Júlia, a filha de Augusto e esposa de Tibério. Otávia, irmã de Augusto, da qual Antônio se divorciou para casar-se com Cleópatra, nomes outrora conhecidos de todos os povos do mundo, não recebem hoje nem tributos nem louvores; mas esta amável donzela que vivia numa cidadezinha situada nos extremos limites do Império Romano, e a cujo nome estava associada a ideia de ignomínia, esta donzela é hoje honrada e recordada muito mais do que qualquer outra mulher.

Ela sabia o porquê. "Porque Ele, que é poderoso, realizou em mim grandes maravilhas, e o Seu Nome é Bendito"[12].

Belíssima, Pura, Rainha, Mãe! Mulheres houve que tiveram um ou outro destes atributos, mas nenhuma os teve todos ao mesmo tempo. Quando o coração humano vê Maria, vê a realização e a concretização de todos os seus desejos, e exclama num êxtase de amor: "Esta é a Mulher!"

Assim como Cristo é o Medianeiro entre Deus e o homem, assim Ela é a Medianeira entre Cristo e nós. Ela é o princípio terrestre que guia ao celeste Princípio do Amor.

A relação entre Ela e Deus é semelhante à que existe entre a chuva e a terra.

---

12. Lucas 1, 49.

# NOSSA SENHORA

A chuva cai do céu, mas a terra dá as colheitas.

A Divindade vem do Céu, mas a natureza humana do Filho de Deus vem dEla. Se nós falamos da mãe terra por nos dar vida através do dom celeste do sol, por que não reconhecemos a Senhora do mundo, uma vez que Ela nos deu a Luz Eterna de Deus?

Maria, a Senhora do mundo, existe onde Cristo ainda não é conhecido, onde o Corpo Místico ainda não é visível.

Para os povos orientais que gemem sob o jugo do medo – medo dos espíritos do mal – e para os modernos povos ocidentais que vivem no temor – que resulta da perda da Fé –, a resposta deve ser: Voltai-vos para a Mãe que vos guiará para Deus.

O mundo inteiro pode ainda ter a experiência da mulher Bantu que não conheceu o amor de Deus enquanto não foi traduzido na expressão do amor materno.

Há no mundo 220.000.000 de pessoas a quem é proibida a pregação do Evangelho de Jesus Cristo, e a nenhum missionário é permitido entrar nos seus países.

Trinta e sete por cento dos povos do mundo vivem sob a tirania do Comunismo[13].

Estes povos, e com eles os hindus, os budistas e os pagãos em geral não podem dizer: Pai-Nosso, porque Deus não é Pai, se não tem um Filho.

Mas podem dizer: Ave-Maria, porque creem numa Mulher ideal.

A Jesus ainda não é dado asilo nesses países, como Lhe foi negado asilo em Belém da Judá, mas Maria está entre eles, preparando-os para a Graça.

---

13. Os dados citados são relacionados ao período em que a obra foi originalmente publicada (1953). (N.E.)

Ela é a Graça onde não há graça; Ela é o advento onde não há Natal.

Em todas as terras em que há uma mulher ideal, onde as virgens são veneradas ou em que uma senhora está colocada acima de todas as senhoras, a terra é fértil porque aceita a Mulher, qual prelúdio ao abraço de Cristo.

Onde Jesus está presente, está também presente Sua Mãe, como entre nós que temos Fé; mas onde Jesus está ausente, quer por ignorância, quer por maldade dos homens, não deixa de haver sempre a presença de Maria.

Do mesmo modo que Ela preencheu o intervalo entre a Ascenção e o Pentecostes, assim Ela preenche o intervalo entre os sistemas éticos do oriente e a sua incorporação no Corpo Místico do Seu Divino Filho. Ela é terra fértil da qual, no tempo designado por Deus, a Fé há de florir e despontar no Oriente.

Embora as imagens estejam ainda escondidas, eu vejo escritas nas fronteiras de todas as nações estas palavras do Evangelho, no início da vida pública do Nosso Salvador: "E aí estava Maria, a Mãe de Jesus".

A todos esses milhões que vivem intimidados, tristes, desiludidos, eu digo: "Orai: nunca se ouviu dizer que alguém se tivesse colocado sob a Sua proteção ou tivesse implorado a Sua assistência e fosse abandonado".

A Virgem Mãe, Senhora nossa! Ó Deus!

Se há a guerra, é porque não nos voltamos para esta Senhora, à qual Ele deu o poder de esmagar a cabeça da Serpente.

Maria! Mãe da Paz! Nossa Senhora do mundo, rogai por nós!

No amor de Jesus!

# NOSSA SENHORA DO ROSÁRIO

Se houver entre os ouvintes alguém que tenha mandado a uma pessoa amiga rosas em sinal de afeição ou as tenha recebido como lembrança, apreciará certamente esta história de uma prece.

A humanidade sempre uniu instintivamente as alegrias e as rosas.

Os pagãos coroavam as estátuas com rosas, como símbolos da oferta dos seus corações.

Os adeptos da Igreja, nos seus primórdios, substituíram as rosas pelas orações.

Nos tempos dos primeiros mártires – digo "primeiros" porque a Igreja tem hoje mais mártires do que tinha nos primeiros quatrocentos anos –, quando as jovens virgens caminhavam sobre a areia do Coliseu ao encontro da morte, vestiam-se com belos vestidos e adornavam a sua fronte com coroas de rosas, por irem jubilosas ao encontro do Rei dos Reis, pelo qual morriam. Os cristãos, depois de anoitecer, recolhiam as suas coroas de rosas e sobre estas oravam, rezando a cada rosa uma oração.

No longínquo deserto, os egípcios, os anacoretas e os eremitas contavam também as suas orações sob a forma de pequenos grãos reunidos à maneira de coroa.

Maomé adotou esta prática para os seus maometanos.

Do costume de se oferecerem ramos espirituais, nasceu uma série de orações conhecida por Rosário, pois rosário significa "coroa de rosas".

Desde os primeiros dias que a Igreja pede aos fiéis que recitem os 150 Salmos de Davi. Este uso conserva-se ainda em vigor entre os sacerdotes, porque são obrigados a recitar estes salmos que fazem parte do Breviário que rezam todos os dias.

Mas não é fácil para todas as pessoas recordar os cento e cinquenta salmos. Além disso, antes da invenção da imprensa, era difícil encontrar-se um livro.

Eis porque alguns livros importantes como a Bíblia estavam acorrentados, à maneira das listas telefônicas nas estações ferroviárias; do contrário, seriam furtados.

O fato de a Bíblia estar acorrentada fez nascer a estúpida mentira de que a Igreja não queria permitir a ninguém que a lesse. Afinal, ela estava presa para que as pessoas a pudessem ler e consultar. Também a lista dos telefones está presa e, no entanto, é um dos livros mais largamente consultados nas sociedades modernas.

As pessoas que não podiam aprender os 150 salmos, quiseram fazer qualquer coisa que pudesse, de algum modo, substituir esta prática.

E substituíram-nos por 150 Ave-Marias, subdivididas em quinze dezenas.

Cada uma das dezenas devia ser recitada ao mesmo tempo que se meditavam os vários aspectos da vida de Nosso Senhor. Para se manterem as dezenas separadas, cada uma principiava por um Pai-Nosso e terminava com um Glória, em louvor da Santíssima Trindade.

São Domingos, que morreu em 1221, recebeu de Nossa Senhora a ordem de pregar e popularizar a devoção em sufrágio das almas do purgatório, pela vitória sobre o mal e pela prosperidade da Santa Madre Igreja, e assim nos deu o Rosário na sua forma atual.

Já se tem objetado que há muitas repetições no Rosário, e que o Pai-Nosso e a Ave-Maria, a força de repetidos, tornam-no monótono.

Isto faz-me lembrar o caso de uma mulher que veio procurar-me uma tarde, depois da preleção.

Disse-me: "Eu jamais me tornarei católica. Vós dizeis e repetis sempre as mesmas palavras no Rosário, e quem repete as mesmas palavras não é sincero. Eu nunca acreditarei em tal pessoa. Tampouco Deus acreditará nela".

Perguntei-lhe quem era o homem que a acompanhava.

Respondeu-me que era o seu noivo.

Perguntei-lhe ainda:

— Ele gosta de si?

— Oh! muito!

— Mas como o sabe?

— Ele me disse.

— Então como foi que lhe disse?

— Disse-me: eu amo-te.

— Quando lhe disse?

— Há uma hora.

— Já lhe tinha dito antes?

— Já. Ainda ontem à noite.

— Que lhe disse ele?

— Amo-te.

— Mas não lhe tinha já dito antes disso?

— Diz-me todas as noites.

Respondi-lhe:

— Não acredite. Se ele repete, é porque não é sincero.

A grande verdade é que não há repetição em "Eu amo-te", porque há um novo momento no tempo, um outro ponto no espaço; as palavras não têm o mesmo significado que da primeira vez.

O amor nunca é monótono na uniformidade das suas expressões.

O espírito é infinitamente variável na sua linguagem, mas o coração não o é.

O coração do homem, diante da mulher a quem ama, é demasiado pobre para traduzir a imensidão do seu afeto em palavras diferentes.

Eis porque o coração emprega numa expressão apenas "Amo-te", e dizendo-a muitas vezes nunca a repete.

É a única novidade verdadeira do mundo.

É isto que nós fazemos quando rezamos o Rosário.

Repetimos à Santíssima Trindade, ao Verbo Encarnado e à Santíssima Virgem: "Amo-te", "Amo-te", "Amo-te".

Há uma beleza no Rosário.

Não é apenas uma oração vocal; é também uma oração mental.

Tendes ouvido por vezes uma representação dramática na qual, ao mesmo tempo que a voz humana fala, se faz ouvir em surdina uma música agradabilíssima a dar maior expressão e relevo às palavras.

O Rosário é assim.

Enquanto se reza a oração, não se ouve a música. mas medita-se na vida de Cristo, aplicada à nossa vida e às nossas necessidades.

Assim como o arame sustenta as redes das camas, assim a meditação segura a prece.

Nós muitas vezes falamos com determinada pessoa, enquanto o nosso espírito pensa noutra, mas no Rosário nós não rezamos apenas a oração: pensamos.

Belém, Galileia, Nazaré, Jerusalém, Gólgota, Calvário, Monte das Oliveiras, Paraíso – tudo isto passa diante dos nossos olhos, enquanto os nossos lábios oram.

O rosário solicita os nossos dedos, os nossos lábios, o nosso coração numa vasta sinfonia de orações: é por esse motivo a maior oração que jamais foi composta pelo homem.

Deixai que vos acrescente como pode ele servir de auxílio aos atormentados, aos doentes, ao mundo.

Os atormentados.

O tormento é uma falta de harmonia entre o espírito e o corpo.

Os atormentados têm invariavelmente os seus espíritos excessivamente ocupados e as mãos ociosas.

Na angústia mental, os mil pensamentos não encontram maneira de se ordenarem nem dentro nem fora de nós.

Quando o espírito está inquieto, é impossível a concentração; os pensamentos atropelam-se desordenadamente, o espírito é atravessado por mil imagens, a paz da alma parece um sonho.

O Rosário é a melhor terapêutica para estas almas perturbadas, infelizes, tímidas e desiludidas exatamente porque ele implica o emprego simultâneo dos três poderes: o físico, o vocal e o espiritual, nesta mesma ordem.

Os grãos, as contas recordam aos dedos que lhes tocam que estes devem ser usados para rezar. É a sugestão física à oração.

Os lábios, movendo-se em uníssono com os dedos, constituem a sugestão vocal à oração; a Igreja é sapiente psicóloga, ao insistir em que os lábios se movam, enquanto se reza o Rosário, porque sabe que o ritmo externo criado pelo corpo pode criar um ritmo na alma.

Se os dedos e os lábios resistem, o espírito seguirá ligeiro, e a prece pode terminar no coração.

As contas ajudam o espírito a concentrar-se. Elas são como que o abastecimento para o motor; depois de algumas sacudidelas, a alma começa a pôr-se em movimento.

O ritmo e a suave monotonia convidam à paz, ao repouso físico e criam uma afetiva fixidez em Deus.

O físico e o mental encontram a sua oportunidade, trabalham em conjunto.

Os espíritos fortes podem trabalhar no interior para o mundo exterior, mas os espíritos atormentados devem trabalhar do mundo que os circunda para dentro.

Para as pessoas espiritualmente fortes, a alma guia o corpo; na maioria das pessoas, o corpo guia a alma.

Pouco a pouco os atormentados, dizendo o Rosário, veem que as suas preocupações nasciam do seu amor-próprio.

Nenhum ser normal que tenha sido fiel ao Rosário deixou de ser socorrido nas suas preocupações.

Ficareis surpreendidos ao ver como podeis sair das vossas preocupações, grão a grão, conta a conta, até chegardes ao trono do Coração do Amor.

O Rosário é também uma oração particularmente indicada para os doentes.

# NOSSA SENHORA

Quando a febre sobe e o corpo sofre, não se pode ler; com dificuldade se suporta o ouvir-se falar, embora haja muitas coisas que o coração desejaria dizer.

Os olhos de uma pessoa que tem saúde fixam-se no solo; quando doente, de cama, os olhos fitam o céu. Seria talvez mais exato dizer que o céu olha para baixo.

Nos momentos em que a febre, o sofrimento, a agonia dificultam o rezar, sentimo-nos fortemente solicitados a apertar nas mãos um rosário, índice de oração, melhor ainda se acariciarmos o Crucifixo que dele pende.

Como as orações se sabem de cor, o coração pode deixá-las correr e deixar que elas se tornem o tema da meditação, realizando-se assim a recomendação da Sagrada Escritura de "se orar sempre".

Os mistérios preferidos serão então os dolorosos, porque meditando os sofrimentos de Nosso Senhor, os doentes são levados a unir os seus próprios sofrimentos aos dEle, para que, tomando parte na Sua Cruz, possam participar da Sua Ressurreição.

O mundo!

Há uma cruzada mundial do Rosário por este pobre mundo dilacerado.

Os homens faliram. Nunca houve tantos homens pequenos em posições tão importantes!

As instituições políticas faliram, pois nenhuma reconhece na Lei uma fonte de autoridade extrínseca.

Mas há sempre Deus.

A paz só virá quando os corações dos homens se modificarem.

Para o conseguirmos, devemos orar, e não por nós mesmos, mas pelo mundo.

O mundo significa todos: os russos, os nossos inimigos, os nossos vizinhos.

Por isso eu projetei um rosário do Mundo Missionário.

Cada uma das cinco dezenas é de cor diferente. Representam os cinco continentes sob o aspeto missionário.

Uma dezena é verde pela África, para recordar as suas verdes florestas e porque o verde é a cor dos maometanos, pelos quais devemos orar.

A segunda dezena é vermelha pelo continente Americano, que foi fundado pelo Homem Vermelho.

A terceira dezena é branca pelo continente Europeu, porque o seu pai espiritual é o Branco Pastor da Igreja.

A quarta dezena é azul pelo continente Australiano, a Oceania e as outras ilhas nas águas azuis do Pacífico.

A quinta é amarela pelo continente Asiático, a terra do Sol Nascente, o berço da civilização.

Quando se acabou de recitar o rosário, circum-navegou-se o globo, abraçando-se todos os continentes, todo o povo em oração.

Não é necessário, naturalmente, que tenhais um destes rosários para rezardes pelo mundo. Podeis oferecer as vossas intenções com o vosso rosário habitual.

O nosso rosário tem esta tríplice vantagem. Cada cor recorda-vos a parte do mundo pela qual ofereceis a dezena.

Em segundo lugar, corresponde ao pedido de Nossa Senhora de Fátima de se orar pela paz do mundo.

Em terceiro lugar, ajudará o Santo Padre e a Congregação da propagação da Fé, materialmente, e espiritualmente os pobres seiscentos territórios missionários do mundo.

O mundo se modificará, quando nós nos modificarmos.

Mas nós não podemos modificar-nos sem oração, e o poder do Rosário é incomparável.

Eu insisto nos seus efeitos espirituais, porque os conheço.

Jovens em perigo de morte, em consequência de desastres, salvam-se miraculosamente; é uma mãe em perigo durante o parto, a qual se salva com o seu filhinho; são alcoólicos que se tornam sóbrios; vidas dissolutas que se espiritualizam; há os que perderam a fé e voltam a adquiri-la; famílias sem filhos são abençoadas com numerosa prole; soldados salvos durante as batalhas; angústias espirituais vencidas; pagãos convertidos.

Conheço um judeu que durante a guerra mundial estava escondido no buraco aberto por uma bomba, juntamente com quatro soldados austríacos. Rebentavam estilhaços por todos os lados.

De súbito, uma bomba matou os seus quatro companheiros.

Pegou no rosário de um deles e começou a rezá-lo. Sabia-o de cor, pois muitas vezes o tinha ouvido rezar aos outros.

No fim da primeira dezena teve o pressentimento de que devia deixar o seu buraco. Arrastou-se por cima da lama e da imundície, e lançou-se noutro buraco.

Nesse momento, uma granada caiu em cheio sobre aquele em que primeiramente se havia refugiado.

Ao terminar cada uma das outras quatro dezenas novo pressentimento lhe veio de que tinha de mudar de lugar, e assim fez: verificaram-se quatro novas explosões nos buracos por ele abandonados.

A sua vida salvou-se. Prometeu dedicá-la a nosso Senhor e à Sua Santa Mãe.

Novos sofrimentos o aguardavam depois da guerra: a sua família fora queimada por Hitler.

Manteve a sua promessa. No ano passado batizei-o, e está agora estudando a fim de se preparar para o sacerdócio.

Aprendei a santificar todos os momentos livres da vida.

Podeis fazê-lo mediante o Rosário. Enquanto caminhais pela rua, orai com o rosário escondido na mão ou no bolso; guiando um automóvel, os círculos divisores do volante podem ajudar-vos a contar as dezenas. Enquanto aguardais que vos sirvam na sala de jantar, ou esperais uma condução, ou parais em um estabelecimento ou jogais o bridge[14]; durante uma conversa, uma leitura ou uma transmissão radiofônica suscetíveis de vos causarem aborrecimento.

Todos esses momentos podem ser santificados e utilizados em proveito da vossa paz interior.

Se quereis converter alguém, ensinai-lhe o Rosário. Há de acontecer uma destas duas coisas: ou ele deixa de rezar o Rosário ou alcança o dom da fé.

Há milhões de pessoas que ouvem a minha palavra.

Preza a Deus que muitas respondam, orem pelo mundo e usem o nosso Rosário Missionário.

Tenho a certeza de que o fareis.

Uma vez que sois meus bons amigos, eu próprio vos hei de mandar um ramo de rosas.

Pois bem, tenho hoje uma cadeia inteira de rosas no Rosário. E estas rosas, como botões em flor, tem o perfume de Deus.

Orai por meio deles, e o vosso coração estará no Paraíso.

No amor de Jesus!

---

14. Jogo de cartas. (N.R.)

# NOSSA SENHORA DO AMOR

Quero falar de um matrimônio que formou uma família: o de Maria e José.

Para se explicar a singularidade destas núpcias, importa ter presente uma verdade: pode haver casamento sem haver união física.

Isto pode verificar-se por três razões: porque os sentidos, já saciados, se tornaram insensíveis; porque os esposos, depois de se terem unido, fazem voto a Deus de renunciarem ao prazer para se dedicarem aos mais sublimes êxtases do espírito; finalmente porque os esposos, não obstante o casamento, fazem voto de Virgindade, renunciando aos direitos recíprocos.

E a virgindade torna-se a essência desta união.

Uma coisa é renunciar aos prazeres da vida conjugal pela saciedade experimentada; outra é renunciar a eles antes de se terem experimentado, para formar apenas uma união de corações, como nas núpcias de Maria e José.

Eles uniram-se como duas estrelas que nunca se conjugam, enquanto as suas luzes se cruzam na atmosfera.

Foi um enlace semelhante ao que se dá na primavera entre as flores que irradiam conjuntamente os seus perfumes; melodia formada pela fusão de sons de instrumentos diferentes.

Os esposos, renunciando aos seus direitos recíprocos, não destroem a essência do matrimônio, pois, como diz Santo Agostinho: "A base de um casamento de amor é a união dos corações ".

Isto sugere uma pergunta: por que foi necessário o casamento, se Maria e José fizeram voto de virgindade?

José era velho ou novo?

O casamento era necessário, não obstante o voto de virgindade, para preservar a Virgem de qualquer sombra, enquanto não chegasse o momento, para Ela, de revelar o mistério do nascimento de Jesus.

Julgou-se então, que Nosso Senhor era filho de São José. E assim o nascimento de Cristo não foi exposto ao sarcasmo do povo, nem foi motivo de escândalo para os fracos na fé.

Deste modo, a pureza de Maria pôde ter em José um testemunho e bem valioso.

Porém, todo o privilégio de graça deve ser correspondido. Maria e José haviam de vir a pagá-lo com a sua maior dor.

O Anjo não Lhe tinha mandado revelar a obra do Espírito Santo realizada nEla, e Maria calou-se. José, não sabendo como explicar o fenômeno, pensou em repudiá-La.

Nossa Senhora revelou outrora a um santo: "Nunca experimentei angústia mais intensa, depois da do Gólgota, do que a dos dias em que, com pesar meu, tive de desagradar a José, que era um justo".

José, não podendo compreender o sucedido, sofria: sabia que Maria tinha feito, como ele, voto de virgindade, e portanto, reputando-A acima de toda a suspeita, não queria considerá-La culpada.

Que havia Ele de pensar?

A surpresa de José era comparável com a de Maria quando, no momento da Anunciação, perguntou: "Como pode isso acontecer, se eu não conheço homem?".

Maria queria saber como podia ser virgem e mãe; José não sabia como podia ser virgem e pai.

E o Anjo explicou-Lhe que só Deus tinha o poder de fazer isso, não a ciência humana. Só os que entendem as vozes dos Anjos podem penetrar este mistério.

Como José queria repudiar secretamente Maria, o Anjo levantou-Lhe o véu do mistério: de fato, apenas tal pensamento se apresentou ao espírito de José, apareceu-lhe em sonho um anjo que lhe disse: "José, filho de Davi, não receies ter contigo a tua esposa Maria, porque Aquele, que dEla há de nascer, é obra do Espírito Santo. Ela dará à luz um filho a que darás o nome de Jesus. Ele libertará o Seu povo dos pecados" (Mateus 1, 20-21).

E assim José, conhecendo as razões do nascimento de Cristo, pôde encontrar de novo a paz. A sua alma transbordou de felicidade ao saber que era o pai putativo do Salvador do mundo e o guarda da Mãe dAquele que não cabe nos Céus.

Eis-nos agora na segunda pergunta relativa a José: era velho ou novo?

A maior parte das esculturas e dos quadros O apresentam como um ancião de longas barbas brancas. Não há, todavia, dado algum histórico preciso a indicar-nos a sua idade.

Se indagarmos as razões pelas quais em arte Ele é representado como um velho, descobrimos que esse aspecto lhe é atribuído em virtude de assim Lhe caber melhor a função de guarda da virgindade de Maria.

Mas a arte fez de José um marido casto e puro, mais pela idade do que pelas Virtudes.

É como admitir que a melhor forma de representar um homem que nunca roubará é imaginá-lo sem mãos.

Esquece-se acima de tudo que nos velhos podem arder os mesmos maus desejos que nos jovens. Temos um exemplo em Susana. Foram alguns velhos que a tentaram no jardim.

Representando-se José como ancião, atribui-se maior merecimento à idade de um homem do que à sua virtude.

Considerar José como puro por ser velho seria o mesmo que querer exaltar uma torrente montanhosa privada de água.

Antes parece lógico pensar que Nosso Senhor preferiu escolher para pai putativo um homem que sabia e queria sacrificar-se, e não um que fosse obrigado a isso.

De resto, parece-vos possível que Deus quisesse unir uma donzela a um velho?

Se Ele não desdenhou, aos pés da Cruz, de confiar Sua mãe ao jovem João, por que havia de A querer, na primavera da vida, ligada a um velho?

O amor da mulher determina o do homem.

A mulher é a silenciosa educadora da virilidade do seu marido. Uma vez que Maria é o símbolo da virgindade e é para todos a sublime inspiradora da pureza, porque não havia Ela de ter exercido essa sua fascinação maravilhosa sobre José, o justo?

Não diminuindo a potência do amor, mas sublimando-a, Ela conquistou o seu jovem esposo.

Quero, pois, admitir que José fosse jovem, forte, viril, atlético, formoso e casto; aquele tipo de homem que ainda hoje podeis ver num prado a apascentar um rebanho, ou a pilotar um avião ou na oficina de um carpinteiro.

Longe de ser incapaz de amar, Ele estava em plena efervescência viril; não fruto seco, mas flor exuberante e promotora;

não no ocaso da vida, mas no alvorecer, pletórico de energia, de força e de paixão.

Como nos aparecem mais belos Maria e José quando, ao contemplarmos a sua vida, nós descobrimos neles o Primeiro Romance de Amor!

O coração humano não se comove diante do amor de um velho por uma jovem, mas como não nos sentimos profundamente impressionados com o amor de dois jovens cujo liame é divino?

Maria e José eram ambos jovens, formosos e cheios de promessas.

Deus ama as cataratas impetuosas e as turbulentas cascatas, mas estou certo de que Ele as prefere, não quando inutilizam as Suas flores, mas quando, com a energia que delas emana, iluminam as cidades e quando, com as suas águas, se mitiga a sede de uma criança.

Em Maria e José não encontramos uma cascata de água pura, mas determinada, nem tampouco um lago de água já enxuto, mas dois jovens que, antes de conhecerem a beleza de uma e a potente força do outro, a tudo renunciam, querendo entregar-se inteiramente à "paixão sem paixão" e à "impetuosa calma" de Jesus.

Maria e José levaram para as suas núpcias não só os seus votos de virgindade, mas também dois corações cheios de um amor grande, maior do que qualquer amor jamais alimentado por corações humanos.

Nunca um par de noivos se amou tanto.

Posso perguntar-vos, a vós que sois casados: a que tendeis, depois de vos terdes amado? Ao infinito, a um eterno êxtase.

Mas vós não podeis experimentá-lo na sua plenitude, porque o Infinito a que a vossa alma aspira está aprisionado pelo corpo. Isto obstrui-vos o caminho para Deus, ao qual aspirais.

Mas se hoje o ato de amor não vos faz experimentar uma delícia infinita, amanhã vos será dado experimentá-la no céu.

Então não será necessária a união dos corpos, porque tereis amor infinito.

Eis porque Deus disse que no Céu não haverá matrimônios. Não será necessária a aparência, porque tereis a substância.

Ireis vós afadigar-vos para descobrirdes um raio de sol refletido num espelho, se o podeis gozar diretamente?

Pois bem, a alegria de possuir no céu um amor eterno, sem limites, para o qual aspira o vosso matrimônio em Cristo, foi já experimentada por Maria e José.

Vós tendes necessidade da união material, porque não possuís a realidade de Deus. Maria e José, possuindo Jesus, nada mais desejavam.

Vós necessitais da comunhão física para compreenderdes a união de Cristo e da Igreja. Eles não, porque possuíam a Divindade.

Como disse Leão XIII em termos maravilhosos: "O seu matrimônio foi consumado em Jesus."[15]

Vós unis-vos nos corpos, eles em Jesus.

Porque haviam eles de procurar as alegrias da carne, quando no seu amor estava a Luz do mundo?

Em verdade, Ele é Jesus, a delícia dos corações. Estando Ele presente, nada mais conta.

Do mesmo modo que marido e mulher, inclinados sobre o berço do seu menino recém-nascido, se esquecem de si mesmos, assim Maria e José não tiveram outro pensamento senão Jesus.

Amor mais profundo nunca houve nem haverá jamais sobre a terra.

---

15. Carta Encíclica "*Quamquam pluries*", de Leão XIII. (N.E.)

Não alcançaram Deus através do seu amor recíproco, mas tendo-se dirigido primeiramente a ele, sentiram depois esse grande e puro amor um pelo outro.

José renunciou à paternidade no sangue, mas encontrou-a no espírito, pois tornou-se pai putativo de Jesus.

Maria renunciou à maternidade, e encontrou-a na sua própria virgindade. Ela foi como o jardim fechado em que nada pôde entrar senão a Luz do Mundo, que nada teria quebrado para entrar, exatamente como a luz do dia que penetra numa sala sem quebrar os vidros.

Dedico esta transmissão a todos vós os que sois casados cristãmente e a todos os que um dia hão de ser admitidos ao grande mistério do amor.

Sirva o exemplo de Maria e José para vos fazer compreender que o maior erro de um par de noivos é o de suporem que duas pessoas são suficientes para se desposarem: Ele e Ela.

Não! São necessárias três: Ele, Ela, Deus. José, Maria, Jesus.

Poderei pedir-vos a vós, marido, mulher e filhos, que rezeis em comum, em homenagem a este amor perfeito da Sagrada Família, um Rosário todas as noites?

Todos os casais que eu tenho unido em matrimônio vos podem dizer que foi sempre esta a minha recomendação: rezarem todos em comum.

A oração de uma família unida é mais aceita a Deus do que a que se faz individualmente, porque a família representa a unidade da sociedade.

O Cristianismo é a única religião que tem um caráter familiar, porque tem origem numa Mãe e num Filho.

Enquanto vós rezardes todas as noites o Santo Rosário com a vossa família, Nossa Senhora vos revelará o segredo do Amor e talvez vos segredeis entre vós: "Amo-te, não segundo a minha vontade, mas segundo a de Deus."

Se no amor tu me procurares a mim somente, não encontrarás nada; mas se através de mim procurares Deus, encontrarás tudo, uma vez que, repito, é necessário sermos três para amarmos: Tu, Eu e Deus!

No amor de Jesus!

# NOSSA SENHORA
DO SILÊNCIO

Disse um filósofo chinês: "Os Americanos não são felizes: riem demais." Uma gargalhada ruidosa é dissipação; um sorriso é comunhão. A gargalhada é barulhenta e parte do exterior do coração; o sorriso é calmo e vem do interior. Por que será que o ruído exerce tão grande fascinação sobre as civilizações modernas? Provavelmente porque as almas infelizes e desiludidas precisam dele, para se dissuadirem de encarar a sua própria infelicidade. Nenhuma choça é tão pequena e escura, tão úmida e deprimente como o íntimo de um egoísta. O ruído exterior desvia o olhar da alma das feridas íntimas, e retarda a sua cicatrização.

Quanto mais nos aproximamos do espírito, tanto mais aumenta o silêncio. À medida que a criatura caminha para o Criador, as palavras diminuem. De princípio, o amor fala; depois, mergulhado nas suas próprias riquezas, evita as palavras. Ao princípio há o Verbo feito carne; depois o Espírito, que é demasiado profundo para as palavras! A princípio, a Galileia em que o Verbo se exprime, depois nove dias de silencioso retiro na expectativa do Pentecostes. Quanto mais profundo se torna o amor do marido pela mulher, tanto menos ele fala dela diante dos outros.

São todos os que dizem amar-se porque amam as mesmas coisas: o outono, Wagner, a poesia, os bailes e os objetos raros.

Estes amores exteriores de nada lhes servem, se eles não amam também os mesmos silêncios. O amor ganha em profundidade e descobre-se no silêncio. A amizade vem das palavras; o amor, dos silêncios. O silêncio tem mesmo harmonias e equilíbrios. É necessário haver dois, para existir um verdadeiro silêncio. No desacordo pode haver silêncio, mas não comunhão de paz. O conferencista que não está preparado, fala durante mais tempo do que aquele que está preparado. Quanto mais clara é a intuição da verdade, menos numerosas são as palavras. Em Deus há uma só palavra que resume tudo o que é conhecido e deve ser conhecido.

Eis a chave do mistério de Maria, Mãe de Jesus: o Seu silêncio. Os Evangelhos, em 33 anos de vida íntima com o Seu Divino Filho, mostram-nA falando apenas sete vezes. Isto desmente os que acusam a mulher de ser loquaz. Maria calou, mesmo quando parece que devia falar. Por que não revelou Ela a José, inclinado a repudiá-La, que o Menino fora concebido no templo do Seu Corpo pelo amor de Espírito Santo? Era talvez um sentimento feminino de pudor a refrear-Lhe a língua, mas parece mais provável que Ela calasse, por saber que Deus, tendo iniciado nEla o milagre, havia de esclarecer também o mistério. Regra absoluta de santidade é o não se justificar alguém diante dos homens. O Evangelho refere simplesmente que, acusado falsamente diante dos juízes, "Jesus calava". Nosso Senhor nunca respondeu a uma mentira.

As sete vezes em que Nossa Senhora fala podem ser chamadas as Suas Sete Palavras e fazem esplêndido paralelo com as Sete últimas Palavras de Cristo na Cruz. A primeira e a segunda das palavras atribuídas a Nossa Senhora foram dirigidas a um anjo; a terceira é uma saudação a Sua prima Isabel, a quarta o Seu canto, o Magnificat; a quinta e a sexta ao Seu Divino Filho, no Templo e nas Bodas de Caná; a última, aos criados que serviam o banquete.

Há ocasiões em que teríamos esperado algumas palavras da Mãe; por exemplo, no nascimento do Menino, ou quando os Magos Lhe trouxeram as suas oferendas. Houve um intervalo de doze anos entre o Magnificat e o encontro de Jesus no Templo. E, a partir deste momento, Ela cala-se de novo durante vinte anos. É muito provável que, na Sua humildade, tivesse pedido aos Evangelistas que falassem dEla o menos possível. Esta suposição é reforçada pelo fato de João, aquele que melhor A conheceu e a quem Jesus A confiou após a Sua morte, falar pouquíssimo dEla.

Quando o Senhor operou o Seu primeiro milagre mudando a água em vinho, as Sagradas Escrituras não revelam nenhuma outra palavra de Nossa Senhora, embora Ela apareça ainda no desempenho da Sua missão pública, ao pé da Cruz e na descida do Espírito Santo sobre a Igreja, no Pentecostes.

Uma vez aparecido o sol, já não há necessidade da lua.

Quando o Verbo fala, Ela já não tem razão para pronunciar uma sílaba. O Verbo é honrado pelo silêncio.

Por que é Ela tão silenciosa? Por que falamos nós tanto dEla? Por que é Maria tão silenciosa?

Eis a resposta: quanto mais se fala com o Criador, tanto mais calado se é com as criaturas. Esta é a natureza do amor.

Até mesmo no amor romântico, o amante é silencioso quando a amada está perto. Apesar de ter os olhos abertos, perde-se em sonhos, em nostalgias, em recordações; parece não ouvir o que os outros dizem, nem ver o que fazem, tão arrebatado está na contemplação da amada.

Considerando as coisas na esfera divina, apenas o coração humano experimenta a tremenda realidade do amor de Deus; tudo o mais parece sem importância.

São Paulo, arrebatado em visão ao terceiro céu, desejou deixar a terra e ir estar para sempre com Cristo. Ouvidas as belezas dos coros celestes, não podia suportar os ruídos da terra.

Mas se o amor cria silêncio, como devia ser silenciosa a Mulher que durante nove meses, qual cibório, teve o privilégio de trazer em si mesma Aquele que do mundo é Hóspede e Dono.

Uma mãe terrena contempla os olhos de seus filhos e vê aquilo que para ela é o que há de mais precioso no mundo. Mas que via Maria, ao contemplar os olhos de Seu Menino, senão o próprio paraíso? Brincar com os dedinhos dos quais caíram planetas e mundos; olhar os lábios que repetem o eco da sabedoria imutável da eternidade: acariciar os pés que um dia serão perfurados com cravos de ferro por amor dos homens; tudo isto inspira silêncio, pelo receio de perder um gesto ou uma sílaba.

Afinal, entre Criador e criatura, não há outra linguagem além da do silêncio.

Duas paixões tiram-nos a palavra: o medo e a beleza.

O medo, porque a pessoa querendo agir não consegue falar; a beleza, porque a pessoa, dominada pelo seu encanto, e não querendo interromper a linguagem dos olhos, permanece muda.

Para Maria, o descer da beleza do Verbo às palavras, seria como deixar os ares puros de um monte para ir aspirar a poeira.

Até mesmo a oração se inicia falando com Deus, mas acaba-se escutando-se Deus.

Perante a verdade absoluta, o silêncio é a única linguagem da alma.

Escutemos uma só palavra: a Palavra eterna que é o nosso Caminho, a nossa Verdade e a nossa Vida.

Diante do maravilhoso, a língua limita-se a uma exclamação ou diz: "Não tenho palavras". Diante do Eterno, o coração fica silencioso. O belo é uma unidade tão completa que descrevê-lo com palavras é mesmo que estragá-lo.

Eis porque Maria é silenciosa.

Há ainda outra pergunta: por que A louvamos nós tanto? Por que tantos livros escritos a Seu respeito? Irritamos continuamente os Seus inimigos falando dEla, como irritamos os inimigos de Seu Filho falando dEle.

O silêncio provoca o louvor alheio. Aqueles, porém, que afirmam o seu "eu" nunca têm a sua glória cantada pelos outros. Fazendo por si mesmos a sua autobiografia, ficam justamente privados de uma biografia.

O coração humano deseja instintivamente pôr palavras nos lábios dos que não falam, como uma mãe interpreta as palavras não formadas ainda nos lábios do seu filhinho.

O silêncio estimula os admiradores a falarem. O silêncio da floresta tem incitado milhares de poetas a cantarem os seus louvores. Uma rosa vermelha, uma criança que dorme, o rosto espiritualizado de uma monja, tudo isto inspira louvor e desejo de admiração.

Maria, que soube calar, é alvo de todos os louvores; todas as gerações A chamam bem-aventurada. Mas Herodes, que falou com a língua e a espada, ficou sem qualquer louvor.

Já experimentastes dizer a vossa mãe quanto a amais? Reparastes como ficastes quase sem palavras? Talvez lhe tivésseis dito uma vez "Minha mãe, eu amo-a", sem conseguirdes dizer mais nada. Os vossos lábios não foram capazes de emparceirar com o coração: amáveis mais do que tudo o quanto podíeis dizer.

Acontece assim com o amor: está tão oculto dentro do coração, que os lábios são uma passagem demasiado estreita e apertada. É como tentar fazer passar um camelo pelo fundo de uma agulha.

O amor é ainda como um novelo de fio; é feito de milhões de razões de amor, como fiozinhos, mas se tentarmos desenrolá-lo em palavras, encontramo-nos sem novelo de amor. Quando dizemos à nossa mãe que lhe temos amor, sentimos não ter exprimido o nosso verdadeiro amor. Quanto mais amamos, tanto mais difícil é encontrarmos palavras para exprimirmos os nossos sentimentos. Não passam de tentativas.

Eis a razão por que se escrevem tantos livros e poesias sobre a nossa Bendita Mãe. Como crianças, parece-nos que se juntarmos as nossas palavras às já pronunciadas, podemos dar uma prova do nosso amor! Aí está porque eu, um domingo após outro vos falo, pela rádio, da Mãe do Senhor, mas nem uma vez sequer fico satisfeito. Se eu amasse mais do que amo, ficaria sem ter palavras. Talvez vós A ameis tanto que não podeis exprimi-lo com palavras, e por isso nunca escrevestes um livro sobre Ela nem dEla falastes pela rádio. Pois bem: se o meu discurso sobre Ela vos tira as palavras, sou feliz em cooperar no sentido de aumentar o vosso amor, feliz por vós A amardes mais do que eu, embora eu vos inveje por isso.

Serei feliz, se vos convencer a unirdes o silêncio à palavra. Seja a vossa palavra, oração; seja o vosso silêncio, meditação. Vós falais, quando rezais o Rosário; vós escutais, quando meditais nos belos mistérios da vida do Senhor. No Rosário, como em toda a oração, o ouvido é mais importante do que a língua!

Possais vós unir as duas coisas na vossa cruzada Mundial do Rosário pela paz do Mundo. No Rosário há uma combinação de Palavra e de Silêncio, de Ação e de Contemplação, porque três dezenas são dedicadas aos povos contemplativos do mundo: as contas verdes pelas missões de África; as azuis; pelas missões do Pacífico; as amarelas pelas missões da Ásia. As outras duas dezenas são dedicadas às nações ativas: as contas vermelhas pelas missões da América: as contas brancas pelas missões da Europa. Direi que o Cardeal Fumasoni Biondi, que está à cabeça na Obra de Propagação da Fé e é meu direto superior, me escreveu nestes termos: "Admiro a maneira engenhosa de dar aos fiéis uma consciência missionária através da Cruzada Mundial do Rosário. Eu também me sirvo dela".

## NOSSA SENHORA

Eu desejaria que cada um de nós concluísse a recitação do Rosário pela paz do mundo com a Salve Rainha, como ela é cantada pelos Trapistas silenciosos.

Quando rezo esta oração, penso sempre nos dez dias que passei a pregar um retiro aos monges trapistas do Mosteiro de Nossa Senhora do Getsêmani, no Kentucky.

Oficialmente, eu estava pregando um retiro a esses 215 santos homens, mas na realidade foram eles que pregaram o retiro a mim.

Como deveis saber, eles levam uma vida de silêncio e apenas fazem o uso da palavra para rezar. No fim do dia, terminadas as sete horas de oração formal, apagam-se todas as luzes na Capela.

No meio dessa absoluta escuridão, começam a cantar em latim a "Salve Rainha, Mãe de Misericórdia, Vida, Doçura, Esperança nossa". Nesta altura, o grande vitral policromo existente ao fim da extensa nave, que no escuro não se via, principia a iluminar-se e a mostrar um leve tremeluzir de luzes. No momento em que aqueles santos homens, inspirados pela beleza da Mãe do Salvador, se expandem no cântico mais vibrante e mais sentido do dia, começa a distinguir-se o rosto da Santíssima Virgem. A luz vai se difundindo sobre o vitral, e pouco a pouco pode distinguir-se, clara e bela, a Santa Mãe de Deus com o Menino ao colo. A presença dEle torna-lhe mais nítida a necessidade de intercessão, ao mesmo tempo que na Capela ecoam as palavras: "A vós bradamos, os degredados filhos de Eva, a Vós suspiramos gemendo e chorando neste vale de lágrimas". Já então o vitral se mostra totalmente iluminado, aparecendo nele todos os santos da ordem trapista reunidos à volta de Nossa Senhora e do Seu Divino Filho.

Sentindo-se como uma só coisa com esta grande família, o seu cântico jubiloso prossegue: "Eia pois, advogada nossa, esses Vossos olhos misericordiosos a nós volvei, e depois deste desterro mostrai-nos Jesus, bendito fruto do Vosso ventre".

Não há no mundo quem cante como estes trapistas, quando elevam o seu hino noturno ao Senhor e a Nossa Senhora. Há ali mais de duzentos homens enamorados da mesma mulher. E sem sombra de ciúme, com ímpeto sereno, pedem um único favor: que Ela "com a estrelada fascinação dos Seus olhos" os confie ao Coração do Seu Divino Filho.

Como São João Batista exultou no seio de sua mãe à vista de Nossa Senhora, assim aqueles monges, encerrados no escuro seio da contemplação, exultam na presença da Virgem e, para me servir das palavras de um deles, "recebem a Cristo nas suas noites com flechas de inteligência, brancas como relâmpagos."

Pedi a todos aqueles Trapistas que oferecessem esta noite a sua Salve Rainha por vós e pela paz do mundo, por meio da Cruzada Mundial do Rosário, e prometeram fazê-lo às sete da noite de hoje.

Eu desejaria que os pudésseis ouvir! Mas por amor vosso, os ouvirão o Coração Imaculado de Maria e o Sagrado Coração de Jesus.

No amor de Jesus.

# NOSSA SENHORA
# DA BONDADE

Ocorre-me uma pequena analogia para ilustrar uma grande verdade.

Recordai-vos de quando a nossa mãe estava a preparar um bolo e nos recomendava que não mexêssemos na massa?

Ela sabia, melhor do que nós, o que nos podia fazer mal e, na sua experiência, queria poupar-nos a uma dor de barriga inútil. Talvez nesse momento chegássemos a pensar que ela não queria contentar-nos ou que os ingredientes do bolo não eram bons.

É isto, em miniatura, o que acontece nas origens do mundo: e é esta ainda praticamente, com uma variante ou outra, a história que se repete no íntimo de cada alma que passa sobre a terra.

Deus quer que sejamos bons e que façamos o bem. Ele não quer a incoerência que mistura o bem e o mal, que prende o coração às coisas imperfeitas deste mundo e vive em busca de um entendimento entre o céu e a terra, entre Deus e os Seus inimigos. A massa não é um bolo já pronto a servir-se. Se Deus afasta de nós o mal, não é porque queira destruir a liberdade que nos deu, mas porque nos quer tornar felizes, conforme a Sua promessa.

Falamos de uma dor de barriga. Tratava-se de uma criança.

Quanto a um adulto, devemos antes falar de complexos, isto é, do contraste entre o que somos e o que devíamos ser.

Um complexo reduz-se muitas vezes a uma exagerada tensão entre o nosso querer e o de Deus. Uma navalha é feita para cortar, mas não para fazer incisões no mármore. Se a utilizardes contra uma pedra, a ouvireis soltar um som estridente.

Nós fomos feitos para Deus, para a Vida, para o Amor, para a Verdade. Quando não vivemos para Deus, a nossa consciência revolta-se, e começam a desenvolver-se em nós as crises que vêm a redundar em neuroses e psicoses espantosas.

Se quiserdes, podeis desenhar um gráfico que vos dê a ideia de um complexo.

Traçai sobre uma página uma linha vertical. Esta linha representa a Vontade de Deus. Completai o gráfico com uma transversal, símbolo da vontade humana. Resulta uma cruz. A psicologia chama-o um complexo.

Teologicamente, define-se como o conceito de uma cruz: o querer do homem que se opõe ao de Deus.

Por isso, todo aquele que quis negar a natureza recebida de Deus, encontra-se preso no emaranhado das cruzes e das desilusões.

O homem sem Deus não é um doce sem amêndoa; é um bolo sem farinha. Faltam-lhe os ingredientes da felicidade. Sente um vácuo desolador, o vácuo de Deus; sente o grave peso dos remorsos, do passado que desce sobre o seu coração como uma sombra negra, muito negra. Privai de oxigênio os vossos pulmões, e logo o vosso rosto se congestiona, falta-vos a respiração; tirai do coração o amor a Deus, negais-lhe a vida. Deve ser assim o inferno, com uma única diferença: a eternidade.

O remédio para estes males, para estas desilusões é ainda aquele que pode ajudar a uma criança que tenha comido a tal massa dos bolos: uma mãe. Ela não abandona os seus filhos, ainda mesmo quando voluntariamente eles tenham praticado o mal. Não pode cair no desespero quem tenha ainda uma mãe. Ela terá sempre uma palavra amiga, capaz de aplacar as iras dos homens.

Invocai, pois, Maria vós, ó mulheres que não quisestes evitar as consequências penosas da culpa, pois que já a expiastes pelo vosso sofrimento. E vós, mães que tendes filhos chamados às fileiras, invocai Maria.

Também o Seu Filho foi chamado a combater as forças do mal, e Ela acompanhou-O no campo de batalha, recebendo uma ferida no coração. Mãe de soldados, vós que destes um filho à pátria, Ela fez como vós. Possa Ela poupar-vos a dor de perderdes o vosso filho.

Mães que sentis dilacerar o coração de uma angústia profunda, sem nome, porque tendes filhos nascidos com um mal incurável, com um corpo doente, o espírito atrofiado, incapazes de falar, de vos entender; vós que sentis as asas da morte apertarem-se sobre vós e sobre os vossos filhos, dia a dia mais próximas, inevitáveis, confiai as vossas penas a Maria, pedi-Lhe que vos escute, Ela que viveu na expectativa angustiosa dessa mesma maré alta de dores.

Ela sabe o que significa ter um filho, que seja uma cruz a pesar no coração todos os dias. No dia em que o Seu Jesus veio ao mundo, os Magos do Oriente ofereceram-Lhe mirra, símbolo da Sua morte. Tinha Ele apenas quarenta dias, quando o Velho Simeão, ao anunciar que Ele havia de vir a ser sinal de contradição, antecipava a crucifixão e profetizava a Maria o golpe da lança que, traspassando o Coração do Filho, traspassaria igualmente a sua alma de mãe. Possa Ela, que conhece a vossa dor, fazer-vos abraçar a Vontade de Deus oculta na Vossa Cruz e converter esta em merecimento para o céu.

E depois deixai que eu peça a Nossa Senhora que todos os povos conheçam em breve o Seu Jesus.

Já a arte indígena representa a Virgem como se tivesse nascido entre eles, como se fosse um deles. E com razão. Ela tanto se apresenta francesa sobre as rochas de Chartres e de Lourdes como aparece portuguesa no alto da azinheira de Fátima, ou brilha, com o seu Rosto de Bondade, moreno como a noite, às gentes de África; esplêndida e luminosa como a glória do sol nascente aos povos do Japão, transmutando a Sua Beldade sem ocaso, em harmonia com os justos de cada nação, como uma senhora formosa que, mudando de vestido, não altera a sua beleza amável.

Toda a alma desiludida, inquieta, intimidada deve readquirir ânimo, pensando na boa Nossa Senhora.

Conta-se que um dia, ao passar pelo Paraíso, Jesus descobriu algumas almas que parecia terem penetrado ali com excessiva facilidade. Mandou vir São Pedro à Sua presença e, em atitude severa, disse-lhe: "Eu confiei-te as chaves do Paraíso para que, raciocinando, fizesses as coisas com acerto. Afinal, como é que tu me explicas que estas almas tivessem entrado no meu Reino?"

Pedro, um pouco ressentido, respondeu: "A culpa não foi minha, Senhor. É que, quando eu fecho a porta, a Vossa Mãe abre a janela."

Parece que foi também este o pensamento de Bernard Shaw.

O escritor e poeta W. T. Titterton confiou-nos que Shaw era muito afeiçoado a uma religiosa que todos os dias orava pela sua conversão.

Uma vez ele procurou explicar-lhe as próprias dificuldades quanto à fé na Divindade de Cristo. Antes, porém de se afastar, bateu-lhe confidencialmente nos ombros e acrescentou: "Mas penso que, no final, a mãe dEle sempre me há de deixar entrar em casa."

Para Ela nós seremos sempre pequenos incompreendidos, que faremos melhor na outra vez.

O coração de uma mãe pensa mais no filho que caiu, que se magoou.

O pai, quando ofendido, olha mais para a culpa; a mãe, para a pessoa.

Maria vela por nós, débeis e pequenos filhos seus, como velava por Jesus e, Mãe do Juiz, pode dizer por nós uma palavra de bondade e de perdão.

O Pecado e a Redenção encontram nEla a possível harmonia da esperança. Ela não pode certamente perdoar-nos; mas pode interceder por nós, conciliando a Justiça e a Misericórdia de Deus na sua prece de Mãe.

Sem a misericórdia, a justiça seria demasiado cruel; e se não houvesse justiça, a misericórdia ficaria indiferente diante da culpa.

Há uma doce tranquilidade no perdão obtido de uma mãe: não deixa subsistir a confusão no espírito daquele que foi perdoado.

A justiça pode levar-nos a reconhecer que andamos mal; a misericórdia deixa-nos no coração o desgosto, o remorso de não termos amado quem nos queria bem.

É talvez por isso que um delinquente punido pela justiça torna a cair no mesmo delito; mas um filho que foi salvo pelas lágrimas da própria mãe, promete, no seu coração, ser melhor.

Há ainda outro poder misterioso no coração de uma mãe: o de reduzir ao mínimo as culpas dos seus filhos.

Os impuros não poderão tolerar os castos; mas os puros compreendem aqueles que se afundaram na lama; por isso um confessor bom sente-se possuído de afeto pelo pobre pecador, e é levado a diminuir a gravidade da culpa; por isso Deus não agrava as consciências, mas liberta-as do pecado.

Nathanael Hawthorne disse: "Sempre invejei nos católicos aquela meiga, aquela Santa Virgem Mãe que brilha entre eles e a Divindade. Ela intercepta aquilo que da Divindade pode ser demasiado vivo para os nossos olhos mortais e permite que somente todo o amor de Deus chegue, como as águas de um riacho, ao coração dos fiéis, tornado assim mais humano e mais inteligível pela ternura dessa Mulher."

Para Santo Efrém, Ela é a Padroeira daqueles que teriam enveredado pelo caminho da perdição.

Deixai, pois, que eu vos descreva algumas dessas almas feridas e desiludidas que podem ser salvas por Maria e que A podem invocar.

Há na vida dores que são próprias de uma mulher e que não são compreendidas por um homem. Talvez por isso, como houve um Adão e uma Eva no dia do primeiro pecado, devia haver um novo Adão e uma nova Eva na Redenção.

Adão, Eva, a árvore do Paraíso.

Cristo, Maria, a Cruz.

Cristo padeceu mortalmente todas as agonias da humanidade; mas as ânsias e as aflições que só uma mulher pode sofrer foram suportadas por Maria em união com ele.

Há um espinho agudo que só o coração de uma mulher pode experimentar: a vergonha de uma mãe não casada.

Maria estava unida a José; mas enquanto o Anjo não O esclareceu dizendo-lhe que Ela concebera por virtude do Espírito Santo e não por causa de um homem, Maria teve de partilhar da angústia que dilacera a alma das suas irmãs que trazem no seio o fruto de um pecado.

Talvez que, sem o saber, Shaw tivesse sublinhado, com a sua conclusão, uma sublime verdade: aqueles que ainda não estão dispostos a aceitar Cristo como Medianeiro entre Deus e o homem, chegaram possivelmente à fé por meio de Maria, que se fará Medianeira entre essas almas infelizes e Cristo, senhora de Esperança para os que tão perto estão do desespero.

Marcel Proust, quando era jovem, contou um dia a sua mãe todas as bestialidades que tinha cometido. A mãe não pode compreender tudo o que aquele filho lhe contava; mas com uma suave e impressionante bondade falou-lhe ternamente, fez que ele sentisse mais leve o fardo da sua responsabilidade, e Marcel Proust pôde, pela bondade da sua mãe, atingir o sentido íntimo contido no título dado a Maria.

Mas como poderá Ela identificar-se com as penas dos que ainda não chegaram a Cristo? Como poderá Ela sentir em Si o sangrar das feridas abertas no coração dos pecadores?

Ela é como o lírio cândido sobre o lodo de um charco: é imaculada, mas compreende as experiências dos que caíram. O pecado separa-nos de Deus. Ora, Maria também perdeu o Seu Jesus, o Seu Deus. Não moral, mas fisicamente e por espaço de três dias intermináveis. E o seu Filho tinha só doze anos. Quantas perguntas, buscas, pedidos para tornar a encontrá-lO. Ela não pecou, mas sentiu em si o efeito do pecado, o vácuo desesperado que aflige o coração de todos os pecadores que perderam a Deus.

Vós que pecastes, recordai-vos: Ela irá em busca de vós e, uma vez que vos encontre, há de murmurar-vos suavemente: "Meu filho, temos-te procurado cheios da aflição."

Ela compreende-vos. Ela pode guiar-vos até ao Seu Filho.

Não está escrito no Evangelho, mas sempre pensei que Judas, antes de entregar Jesus e depois da traição, quando, pegando na corda correu a enforcar-se, evitou encontrar-se com a Virgem Nossa Senhora. Ninguém na história teria alcançado dEla um perdão mais cordial.

Se Judas está hoje no inferno, deve-o ao fato de ter voltado propositadamente as costas a Maria. Se aí não está, é porque naquele momento em que da sua colina enxergou a do Calvário, descobriu ali Maria com o Seu Filho, e morreu com esta prece nos lábios "Refúgio dos pecadores, ora por mim."

Nunca desespereis.

Rezai o vosso Rosário e não esqueçais que a última ação praticada na terra pelo Senhor foi deixar-nos a Sua Mãe como Mãe nossa.

Eis aí a tua Mãe!

E não haveis vós de A querer aceitar?

Jesus A ofereceu a vós.

Um filho precisa da sua mãe.

Uma mãe não pode esquecer-se do seu filho.

A todas as almas que se sentem sós, infelizes, eu desejaria dar uma consolação, deixando-lhes uma lembrança: o filho que mais beijos recebe da mãe é o que mais cai.

Pode ser que ela tenha também um beijo para vós.

No amor de Jesus!

# NOSSA SENHORA
# SEM PECADO

Todo ser humano traz no coração a reprodução heliográfica da pessoa que ama.

Não existe "amor à primeira vista"; o amor é a satisfação de um desejo, é a realização de um sonho.

Nós temos dentro de nós um ideal criado pelo nosso próprio pensamento pelos nossos hábitos, pelas nossas experiências e pelos nossos desejos. À primeira vista, como podíamos nós distinguir quais são as pessoas ou as coisas de que gostamos? Antes mesmo de encontrarmos certas pessoas, já criamos um modelo e uma forma daquilo de que gostamos ou de que não gostamos; algumas delas são a cópia fiel do modelo, outras não.

Como acontece então que, quando ouvimos pela primeira vez um trecho musical, logo ele nos agrada ou desagrada? Nós o apreciamos baseando-nos na música que já temos no coração. Os espíritos irrequietos, que não sabem manter por muito tempo o mesmo pensamento e que não possuem continuidade de ideias, apreciam a música excitante e frenética que os distrai. Pelo contrário, os espíritos calmos gostam da música calma.

O coração possui uma melodia secreta, e no dia em que, pela primeira vez, essa música é executada, logo ele exclama:

"Ei-la!"

É o que se dá com o amor.

No coração humano alberga-se um minúsculo arquiteto que vos trabalha interiormente e que, tomando por modelo as pessoas que vê, os livros que lê, as suas esperanças e os seus sonhos de olhos abertos, desenha esboços do amor ideal, no desejo ardente e apaixonado de que os seus olhos possam um dia contemplar esse ideal e a mão o possa tocar.

A vida torna-se mais bela no dia em que vemos realizar-se o nosso sonho, e a pessoa sonhada nos aparece como a encarnação de tudo o que amamos. A simpatia nasce subitamente, mas na realidade já existia em nós desde há muito tempo.

Também Deus traz dentro de si o modelo de tudo o que Ele ama no universo.

Semelhantemente ao arquiteto que tem na mente o plano de uma casa antes de ela ser construída, assim Deus tem na Sua mente uma ideia arquétipo de todas as flores, de todas as aves, de todas as melodias de primavera.

O primeiro contato do pincel com a tela, o primeiro golpe do cinzel no mármore, não podem existir sem que alguma grande ideia os tenha precedido. Cada um dos átomos e cada uma das rosas não são mais do que realizações e concretizações de uma ideia existente na mente de Deus desde a eternidade.

Todas as criaturas, abaixo do homem, correspondem a um modelo que Deus tem na mente.

Uma árvore é verdadeiramente uma árvore, porque corresponde à ideia que Deus tem de uma árvore. Uma rosa é uma rosa, porque ela é a ideia que Deus tem de uma rosa, formada com as substâncias da química e as tintas da vida.

Com as pessoas, porém, não sucede a mesma coisa. Deus deve ter de nós duas imagens: o que somos e o que devíamos ser.

Ele possui o modelo e a atuação; o plano e o edifício, a partitura do trecho musical e o modo como ele é executado.

Deus deve ter de nós estas duas imagens, porque em cada um de nós, entre o projeto original e o modo como o temos pessoalmente realizado, existe uma desproporção insatisfeita. A imagem é obscura, a impressão é descolorida; os nossos atos livres não correspondem à lei de nosso ser; somos menos do que Deus queria que fôssemos.

Conquanto Deus tenha de nós duas imagens, existe, todavia, uma pessoa entre todos os seres humanos da qual Ele possui uma única imagem e na qual reina perfeita conformidade entre aquilo que Ele pretendia ela fosse e aquilo que verdadeiramente é; esta é a Sua bendita Mãe.

Muitos de nós somos um sinal "menos", enquanto não correspondemos plenamente às esperanças que o Pai Celeste depositou em nós; mas Maria é um sinal "igual".

Ela é, em carne e osso, o ideal que Deus antevia. O modelo e a realização são perfeitos; Ela é tudo o que foi previsto, imaginado, sonhado. A melodia da Sua vida é a perfeita execução da partitura original.

Por esta razão, através dos séculos, a Liturgia Cristã tem-Lhe atribuído as palavras do Livro dos Provérbios. Ela é a realização de tudo o que Deus teria desejado que nós fôssemos. Ela fala de si como da reprodução heliográfica da ideia existente na mente do Senhor, Aquela que te amava ainda antes de se tornar criatura.

Diz-se dEla que esteve ao lado do Senhor, não só antes da criação, mas no momento da criação.

Existia na mente Divina como um pensamento eterno, antes de existir qualquer mãe.

É a Mãe das Mães.

"O Senhor teve-me consigo no início da Sua obra, ao nascer do tempo, quando principiou a criação. Fui constituída ab aeterno, antes de ser formada a terra; fui concebida quando ainda não existiam os abismos e as fontes não brotavam da terra, nem as montanhas surgiam com sua imensa mole; fui gerada antes das colinas, quando Deus criou os céus, quando enfreou as águas com arcos invioláveis, quando fixou a atmosfera por cima de todas as coisas, quando nivelou as nascentes de água nas cavidades. Eu estava presente, quando Deus conteve o mar dentro dos seus limites; eu estava ao lado do Criador e, de manhã até à noite, enquanto eu me recreava inclinada diante dele, sentia crescer a minha alegria; eu brincava neste mundo de pó, tendo por companheiros dos meus brinquedos os filhos de Adão. Escutai-me, pois, vós que sois meus filhos. Felizes daqueles que me escutam e, vigilantes junto ao limiar, esperam dia a dia que eu lhes abra as minhas portas. O que me encontrar, encontrará a vida e beberá profunda felicidade pelo cálice de Deus" (Provérbios 8, 22-36).

Deus pensou nEla, não só no princípio do tempo, mas desde toda a eternidade.

Quando a espécie humana se perdeu por culpa duma mulher, Deus falou ao Demónio nestes termos: "Porei inimizade entre ti e a mulher, entre os teus descendentes e os seus: Ela esmagará a tua cabeça, e tu tentarás morder o seu calcanhar", (Génesis 3, 15).

Deus queria significar que, se por culpa de uma mulher o homem se tinha perdido, por meio de uma mulher seria salvo.

O mal se difundirá. Debaixo das místicas aparências estabelecerá um reino comunista e satânico, mas a mulher terá a sua geração: Nosso Senhor, o Filho de Deus, o Salvador do mundo.

Quando deliberou fazer-se homem, Deus teve de escolher o tempo da Sua vinda, a terra em que nasceria, a cidade em que havia de crescer, as pessoas, a geração com quem teria de conviver, os sistemas políticos e econômicos que O rodeariam, a língua que falaria, as reações psicológicas com que viria a estar em contato, como Senhor da história e Salvador do mundo.

Todos estes problemas dependeriam de um único fator: a mulher que havia de ser a Sua Mãe.

Escolher uma Mãe significava escolher uma posição social, uma língua, uma cidade, um ambiente, um momento decisivo no destino.

A Sua Mãe não era como a nossa, por nós aceite como algo de estabelecido pela história e que nós não podemos alterar; nasceu de uma mãe que Ele escolheu antes de nascer.

É este o único exemplo, na história, de um filho que escolheu a própria mãe e de uma mãe que escolheu o próprio filho. É o que significam as palavras do Credo "Nascido de Maria Virgem".

Ela foi chamada por Deus, como o foi Aarão, e Nosso Senhor nasceu não apenas do Seu seio, mas do Seu próprio desejo de concebê-lO.

Não devemos surpreender-nos de se falar dEla como de um pensamento que passou na mente de Deus, ainda antes de o mundo ter sido criado.

Quando Whistler[16] pintou o retrato de sua mãe, acaso não teve a imagem dela diante dos olhos, antes de ordenar as cores sobre a paleta?

Se vos fosse permitido existir antes de vossa mãe, não artisticamente, mas realmente, não a teríeis vós criado como a mulher mais perfeita do mundo – como uma criatura tão bela que fosse docemente invejada por todas as outras mulheres –, como uma criatura tão gentil e caridosa, que todas as outras mães desejassem imitar-lhe as virtudes?

---

16. James Abbott McNeill Whistler foi um pintor norte-americano do século XIX, estabelecido na Inglaterra e na França. (N.E.)

Por que havíamos então de pensar que Deus procedesse de outro modo?

Quando elogiaram Whistler pelo retrato da mãe, ele respondeu: "Bem veem: uma pessoa procura retratar a própria mãe o melhor que pode".

Eu creio que também Deus, quando se tornou Homem, quis fazer Sua Mãe o melhor que podia e fê-la perfeita.

Deus nunca procede sem a maior ponderação.

As duas obras-primas de Deus são a criação do homem e a sua segunda criação e redenção.

A criação foi feita para os homens que ainda não tinham caído na culpa original; o Seu Corpo Místico, pelo contrário, para os homens pecadores.

Antes de criar o homem, Deus criou um jardim de delícias, belo como só Deus o podia criar; naquele Paraíso da criação, celebraram-se as primeiras núpcias entre o homem e a mulher.

Quando o homem recusou os bens divinos, cedendo à sua mais baixa natureza e se revoltou contra o céu, Deus resolveu criar o homem pela segunda vez, remindo-o; mas antes de o fazer, criou um outro jardim.

Esse novo jardim não seria um jardim terreno, mas um jardim humano; seria um jardim sobre cujas portas a palavra "pecado" jamais seria escrita: um jardim no qual a agitação da rebelião nunca iria a crescer para sufocar as flores da graça; um jardim que daria vida a quatro rios de redenção; cujas águas desceriam até aos quatro cantos da terra: um jardim tão puro que o Divino Pai não sentiria desdouro em mandar viver nele o próprio Filho; e esse "Jardim Encantado", de que seria jardineiro o novo Adão, foi a nossa Mãe Bendita.

Assim como o Eden tinha sido o Paraíso da criação, assim Maria seria o Paraíso da encarnação, e nEla, como num jardim, seriam celebradas as primeiras núpcias de Deus e do homem.

Quanto mais nos aproximamos do fogo, tanto mais forte se sente o calor; quanto mais nos aproximamos de Deus, maior é a pureza; mas assim como ninguém esteve mais perto de Deus do que a mulher, cujas portas humanas Ele abriu de par em par para caminhar sobre esta terra, assim ninguém existe mais puro do que Ela.

A esta pureza chamaremos a Imaculada Conceição.

A palavra "Imaculada" não vem de "nascimento da Virgem", mas de duas palavras latinas que significam "não manchada". "Conceição" significa que no próprio momento em que foi concebida no seio de Santa Ana, a nossa Bendita Mãe, em virtude dos méritos da redenção do Seu Filho, foi preservada da mancha do pecado original.

Nunca pude compreender por que é que, nestes tempos, o homem encontra ainda que objetar à Imaculada Conceição, quando afinal pretende, como moderno pagão que é, ter sido ele próprio concebido sem mancha. Se não existisse o pecado original, todos nós nasceríamos sem mancha.

Por que é então que o homem é tão reticente em atribuir a Maria aquilo que atribui a si próprio?

Quer dizer, apesar da Imaculada Conceição, Maria também devia ser limpa do pecado! Também Ela!

Maria é o primeiro caso de redenção, enquanto foi preservada do pecado no próprio momento em que foi concebida, ao passo que nós o somos, mas de maneira inferior, depois do nascimento. Este privilégio foi-Lhe concedido não por Ela só, mas pelo amor de Deus.

Suponhamos que Deus, ao criar novamente o homem, não tinha criado igualmente uma mulher, uma nova Eva. Que desastres não teriam acontecido!

O Cristianismo seria acusado de ser uma religião só de homens!

A mulher teria de procurar para si uma religião só de mulheres!

Havia de insinuar-se que a mulher era sempre a escrava do homem, que o próprio Deus, não tendo criado uma nova Eva como havia feito para Adão, pretendera que fosse assim mesmo.

A Imaculada Conceição de Maria é o maior tributo do Cristianismo à parte confiada às mulheres na redenção.

E isto leva-nos novamente ao princípio.

Dissemos que cada um de nós traz no coração a reprodução do amor ideal. Todo o homem que procura a sua mulher, toda a mulher que procura ser cortejada pelos homens, todo o laço de amizade no mundo busca desesperadamente um amor, que não seja apenas o amor "dela" ou "dele", mas qualquer coisa que os arraste a ambos e a que eles chamam "o nosso amor".

Cada um de nós está enamorado do amor ideal, um amor tão acima do nosso físico que o faz esquecer completamente.

Todos nós amamos certas coisas mais do que outras. Quando a vaga passou, o amor acabou. É caso para se dizer com o poeta: "Eu podia amar-te assim, ó querida, se não amasse ainda mais a honra " Assim como para respirar há necessidade de ar, assim para amar é necessária uma atmosfera cuja própria essência seja formada por Cristo e por Maria.

O amor ideal, que sabemos existir para além do amor terreno, aquele amor para o qual nós voltamos quando o amor físico vem a afastar-nos, é o próprio ideal que Deus traz no coração desde a eternidade: a mulher que ele chama "Mãe Santa". Ela é a que todo o homem ama quando ama uma mulher, quer o saiba quer não.

Ela é como toda a mulher quereria ser, quando se vê no espelho da vida.

# NOSSA SENHORA

Ela é a mulher que todo o homem desejaria desposar; Ela é o ideal latente no sentido de rebelião que toda a mulher experimenta, quando o homem se torna demasiado agressivamente sensual; Ela é o secreto desejo que tem toda mulher de ser honrada e protegida.

Para conhecer uma mulher, possuindo-a, o homem deve primeiro tê-la possuído em sonho.

Para ser amada do homem que a possui, a mulher deve primeiramente ter desejado ser amada por ele idealmente.

Maria é o ideal e o amor, imagens do que é possível. Ela é o ideal de amor que Deus amava ainda antes de criar o mundo. Ela é a Virgem Imaculada, Mãe de Deus.

Deixai, pois, que eu diga convosco: "É a Ela que eu amo!"

No amor de Jesus!

# NOSSA SENHORA DA REDENÇÃO

Todas as pessoas gostam de falar de casamento. Se um coração humano não encontra em si amor suficiente, vai procurá-lo entre aqueles que estão possuídos de amor. O mais conhecido casamento da história realizou-se em Caná. É a única circunstância, na Sagrada Escritura, em que Maria, Mãe de Jesus, é mencionada antes de Ele. É belo e consolador o fato de Nosso Senhor, tendo vindo para nos ensinar o sacrifício e para nos estimular a abraçarmos dia a dia a nossa cruz, tenha iniciado a sua vida pública com a assistência a uma festa de noivado.

Os casamentos no Oriente duravam às vezes sete dias; tratando-se de gente pobre, podiam durar só dois dias. Não sei a que categoria pertenceu este casamento; é certo que em determinada altura faltou inesperadamente o vinho. Caná era uma região vinícola, e é muito provável que o hospedeiro tivesse preparado uma abundante provisão de vinho. Talvez possamos atribuir a falta à circunstância de o Senhor não ter aceitado sozinho o convite, mas ter levado consigo os Seus Discípulos, primeiros "portugueses"[17]

---

[17]. O emprego do vocábulo "portugueses" na acepção de "bons bebedores" deve provir da fama – um tanto justificada – de que gozam na América do Norte os nossos compatriotas. (N.T.)

da história cristã. E este fato concorreu de maneira considerável para desequilibrar a provisão de vinho, reputada suficiente. Nosso Senhor e os Seus tinham feito um percurso de três dias, transpondo uma distância de quase 145 quilômetros. Não é de admirar que tanto o vinho como a comida não chegassem para pessoas tão esfomeadas e sequiosas!

O fato mais surpreendente deste casamento é que quem deu pela falta do vinho foi Nossa Senhora, e não os criados incumbidos de servir tanto o vinho como as iguarias. Ela dá pelas nossas necessidades ainda primeiro do que nós. Dirige ao Seu Divino Filho um pedido simplicíssimo: "Já não tem vinho". Nestas palavras não há apenas a consciência do poder do Filho, mas está também implícito o desejo de remediar uma situação embaraçosa. Eu penso que a Bem-aventurada Virgem tinha já presenciado outros milagres de Nosso Senhor, apesar de Ele não ter ainda agido em público. Se Nossa Senhora não possuísse de antemão a consciência de que Ele era verdadeiramente o Filho do Deus Onipotente, por certo que não teria podido solicitar-Lhe o milagre. Alguns dos maiores milagres do mundo são devidos à influência de uma Mãe, porque "aquela que abana o berço, governa o mundo."

A resposta de Nosso Senhor foi esta: "E isso que nos importa a mim e a ti, mulher? A minha hora ainda não chegou."

Detenhamo-nos a analisar estas palavras misteriosas. Notai que o Senhor diz: "a minha hora ainda não chegou", expressão que Ele emprega sempre que se refere à Sua Paixão e Morte. Por exemplo, na noite em que Judas atravessa a torrente do Cédron para Lhe ferir os lábios com um beijo o Senhor dirá: "Esta é a vossa hora e o poder das trevas". Poucas horas antes, durante a Sua última Ceia na terra, falando antecipadamente da Sua Morte, havia dito: "Chegou a hora... Ó Pai, glorifica-me Tu junto de Ti mesmo pela glória que tive junto de Ti, antes que o mundo existisse". Ainda antes, quando a Sua Vida estava já ameaçada com tentativas de delapidação, o Evangelho observa: "A Sua hora ainda não tinha chegado". O Senhor quer tornar evidente que, segundo a Vontade do Pai, a Sua hora ainda não chegara, porque no pedido de Maria está implícito o desejo de que Ele antecipe. E a Sagrada Escritura refere: "Assim, em Caná de Galileia Jesus fez o primeiro dos Seus milagres; manifestou a Sua glória e os Seus discípulos creram nele".

Com as nossas próprias expressões, Nosso Senhor está dizendo à Sua Mãe: "Minha querida Mãe, tu pretendes que Eu apareça perante o mundo como o Filho de Deus feito homem e que prove, com obras e milagres, a minha Divindade para proclamá-la diante dos homens? No momento em que Eu o fizer, começarei a encaminhar-me pela estrada real da Cruz. O mundo não quer Bondade perfeita, mas só mediocridade. A minha hora ainda não chegou. Mas queres tu, realmente, que Eu a antecipe? É Tua vontade que Eu me encaminhe para o Calvário? Repelido pelos homens? Sabes que a Tua relação comigo mudaria? Agora és a Minha Mãe. A nossa pequena terra conhece-te como Mãe de Jesus. Se agora me for manifestar como Salvador dos homens e der início à obra da Redenção, a tua situação passará a ser outra. O que Me atingir, atingirá a Ti também. A partir da hora em que eu iniciar a Salvação da Humanidade, Tu não mais serás apenas Minha Mãe, mas também a Mãe de todos os resgatados.

Quando Eu, Cabeça da Humanidade, tiver salvado o Corpo, Tu, Mãe da Cabeça, te tornarás Mãe do Meu Corpo, a Igreja.

Tu te tornarás a Mãe Universal e a nova Eva, como Eu o novo Adão. Eu chamo-te Mulher, para Te conferir o título da Maternidade Universal, para indicar o teu papel na Redenção. Era a Ti que eu aludia, quando profetizava a Satanás que poria inimizades entre ela e a Mulher, entre a sua estirpe e a Tua descendência: Eu, Teu Filho. Revisto-te neste momento do nobre título de Mulher; eu te revestirei novamente na Minha hora, arvorado na Cruz como uma águia ferida. Somos uma coisa só na obra da Salvação. O que é Teu é Meu. A partir de agora já não seremos apenas Jesus e Maria, mas o novo Adão e a nova Eva. Demos vida a uma nova humanidade ao mudarmos a água do pecado no vinho da vida. Minha Mãe, sabendo tudo, queres também que Eu solicite a minha Cruz e me ponha a caminho do Calvário?".

Jesus mostrou claramente que o mundo não há de tolerar a Sua Divindade e, uma vez transformada a água em vinho, o vinho se transformará um dia em sangue. Qual será a resposta da Mãe? Instigará o Filho à Morte Redentora? A Sua resposta é de completa colaboração com a Cruz. Fala pela última vez nas Sagradas Escrituras; dirige-se aos criados, dizendo: "Fazei tudo o que Ele vos disser". Magnífica despedida! Maria convida-nos a cumprirmos a vontade do Filho que afirmou ter vindo à terra para cumprir a vontade do Pai. E assim as talhas foram cheias, levadas ao Senhor e, na magnífica expressão de Richard Grashaw: " As águas inconscientes viram o seu Deus e coraram ".

Detenhamo-nos para duas lições espirituais. A primeira resume-se em: "Trabalha, que Deus te ajudará". Jesus podia ter tirado o vinho do nada, como do nada havia tirado o mundo, mas pelo contrário, exigiu dos criados que enchessem as talhas e que, depois de estarem cheias, as levassem. Não podemos esperar que o Senhor nos transforme sem Lhe oferecermos qualquer coisa para transformar. É inútil limitarmo-nos a dizer: "Senhor, ajudai-me a vencer os meus maus hábitos, fazei-me sóbrio, puro, honesto!" Estas preces de nada valem, se não incluírem um esforço pessoal. Não podemos esperar passivamente a manifestação do poder de Deus. Deve estar em primeiro lugar o ato determinante da nossa liberdade; mesmo se o que oferecemos a Deus, nada mais é do que uma coisa privada de espírito, água insípida da nossa vida cotidiana.

Antes mesmo de nós o advertirmos, já Nossa Senhora está fazendo valer a Sua intercessão por tudo o que nos é necessário: eis a segunda lição de Caná. Nem os criados da mesa nem os convidados sabiam que o vinho tinha acabado e, portanto, não podiam pedir mais. Se nós não soubermos de que precisa a nossa alma, como podemos pedir pelas nossas necessidades? Muitos de nós não chegariam até Nosso Senhor, se outrem não conhecesse melhor do que nós as nossas necessidades e não pedisse ao Senhor que as remediasse. Eis a função de Maria em Caná; eis a função de Maria ainda hoje.

Nas necessidades, Maria faz-se nossa intérprete, como uma mãe para o seu filhinho doente. A criança sabe chorar, mas não sabe exprimir-se. Tanto pode ser um alfinete a picá-lo, como a fome e a doença. Então a mãe fala por aquele que o não sabe fazer. E do mesmo modo que uma mãe conhece as necessidades do seu menino melhor do que ele mesmo, assim Nossa Senhora compreende e conhece as nossas lágrimas e preocupações melhor do que nós. Assim como uma criança precisa do médico, assim Nossa Senhora sabe que nós necessitamos do Seu Filho. Nosso Senhor é medianeiro entre nós e o Pai Celeste: igualmente Nossa Senhora é medianeira entre nós e Jesus. Ela enche as nossas talhas vazias, abastece-as com o elixir da vida, salva nas nossas alegrias. Maria não é a nossa redenção: não caiamos no absurdo. Assim como a mãe não é o médico, assim Maria não é o Redentor; do mesmo modo, porém, que muitos de entre nós devem a conservação da sua vida física à mãe terrena, assim devem a conservação da sua vida espiritual à Mãe de todas as mães, a Nossa Senhora.

Três anos depois das bodas de Caná, já tudo se havia realizado. Chegara a hora; o vinho transformara-se em sangue. Jesus operou os milagres e os homens crucificaram-nO.

O Senhor contempla da Cruz as duas criaturas que Lhe são mais queridas sobre a terra: João e a Sua Santa Mãe. Ele retoma agora o tema de Caná e dirige-se a Ela numa segunda Anunciação, com o mesmo título que Lhe conferiu na festa das núpcias: Mulher. Com um movimento dos Seus olhos cheios de pó e da Sua Cabeça coroada de espinhos, olha com ternura para Aquela que conscientemente O instigou à Cruz e que agora está direita, aos pés dEle, e diz-Lhe: "Este é Teu Filho". Depois dirige-se a João e não o chama pelo nome porque não fala somente ao filho de Zebedeu, mas a todos nós, e diz: "Esta é tua Mãe".

Depois de tantos anos, é esta a resposta às palavras misteriosas do Evangelho da Encarnação: "deu à luz o Seu primogênito." Quereria isto dizer que Nossa Senhora havia concebido outros filhos? Decerto, mas não segundo a carne. Devia ter outros filhos segundo o espírito: João é o Seu segundo filho; Pedro, André, Tiago, terceiro, quarto, quinto e assim sucessivamente até nós, milhões de milhões de filhos. Na alegria de Belém tinha gerado o Seu Primogênito, Jesus. Na dor, aos pés da Cruz, há de agora gerar o Seu segundo filho e a nós todos, não por figura da metáfora, mas em virtude das dores como de parto. Assim como uma mãe não pode esquecer os filhos do seu seio, tampouco Ela pode esquecer os filhos gerados em semelhante dor e agonia. Do mesmo modo que temos uma mãe terrena que nos deu à luz através dos trabalhos da carne, assim temos uma outra Mãe que nos leva a Jesus através dos trabalhos do espírito. Estou certo de que nenhum de vós permitirá que um preconceito nascido há umas centenas de anos o impeça de aceitar a necessidade de ter como Mãe Aquela que o Senhor nos deu aos pés da Cruz.

A Ela vos recomendo, um a um. Que dos vossos lábios saia uma só e essencial oração; de fazerdes a vontade de Deus para poderdes cumprir o preceito de Caná: "Fazei o que Ele vos disser". E terminemos com as palavras de Mary Dixon Thayer:

> *Senhora tão formosa, e de azul vestida,*
> *Ensinai-me a rezar!*
> *Se Deus é o teu Filho, pois O deste à vida,*
> *Ensina-me a maneira de com Ele falar!*
>
> *Tiveste-O sentadinho sobre os teus joelhos,*
> *De manhãzinha, à tarde e de noite também,*
> *E foste tu a dar-Lhe os primeiros conselhos E*
> *a contar-Lhe histórias, como a minha mãe*

## NOSSA SENHORA

*De noite, quantas vezes as Suas mãozinhas*
*Nas tuas descansaram em gesto de criança!*
*Não quererás deixar-me descansar as minhas*
*A Seus divinos pés, como penhor de esperança?*

*E se Jesus quisesse ouvir minha oração?*
*Se Ele escutasse atento o meu balbuciar?*
*Eu quisera exprimir a voz do coração;*
*Mas, ai, não sei rezar!*

*Confio me darás, Senhora, o teu ensino,*
*Para fazer do peito em prece o Seu altar.*
*Tu que a Jesus conheces desde pequenino,*
*Ensina-me a rezar!*

No amor de Jesus!

# NOSSA SENHORA DO SOL

Na Páscoa deste ano não há a alegria que devia haver. Os inimigos de Deus estão demasiado otimistas, os amigos demasiado pessimistas.

Os inimigos de Deus estão demasiado otimistas, porque creem ter vencido. No fim do século passado, Nietzsche vangloriava-se de que "Deus estava morto". Desde então, os Seus inimigos fizeram um progresso enorme. Trinta e sete por cento da população do globo está hoje esmagada pelo martelo ou cortada pela foice do comunismo ateu. Na carta das Nações Unidas não há o nome de Deus, nem da Sua Lei moral. O último congresso internacional de uma das grandes organizações mundiais ao serviço da humanidade excluiu do seu preâmbulo a menção de Deus. Os inimigos de Deus podem vangloriar-se dos nove países em que o Evangelho de Jesus não pode ser pregado e nos quais Ele é de novo crucificado, não só nas três línguas hebraica, grega e latina, mas na maior parte dos idiomas do mundo.

Por outro lado, os amigos de Deus estão demasiado pessimistas. Ver 13 mil missionários expulsos da China e o seu trabalho de séculos destruído; a Rússia, terra outrora sagrada, agora profanada por ditadores que pejam de bombas o caminho que conduz aos seus tronos proletários; a Polônia outrora a Irlanda do leste reduzida a um joguete manejado por mãos ateias; o pólipo russo alongando os seus tentáculos para entenebrecer os espíritos e corromper a verdade convertendo-a em mentira e chamar luz às trevas, tudo isto instiga os que amam Cristo Crucificado a gritarem no seu desânimo : "Domine, usquequo" – Senhor, até quando!

Que outra coisa é esse falso otimismo dos inimigos de Deus e esse injustificado desânimo dos Seus amigos, senão a repetição de quanto sucedeu nos últimos dias da vida terrena de Nosso Senhor, quando eram excessivamente otimistas os Seus inimigos e pessimistas em demasia os Seus amigos? Os inimigos do Senhor eram exageradamente otimistas: por meio de propaganda entre as massas e de demonstrações organizadas diante do palácio de um governador, diziam a um político contemporizador: "Não queremos que este homem reine sobre nós". E vendo-O crucificado como um criminoso comum, alvejam-nO com frases de um sarcasmo reles, que parecem significar a Vitória deles sobre o completo abandono do Divino Crucificado. E isto porque Ele disse que destruiria o templo e o reconstruiria: mas a verdade é que o Templo está ainda de pé, a condenar-Lhe a Sua vanglória. Porque Jesus salvou outros, mas não se pode salvar a si mesmo. Porque disse que era Rei, mas revela-se agora rei burlesco com uma coroa de 152 espinhos por diadema, um caniço por cetro, uma crucificação por coração. Porque a sua pretensão de ser Filho de Deus resulta de uma estúpida mentira, uma vez que o Pai não vem em Seu auxílio.

Depois de Cristo ser apeado da Cruz, José da Arimatéia dirige-se corajosamente a Pilatos e pede-lhe o corpo do Senhor. Os Evangelhos põem na boca de José a palavra grega "soma", que significa respeito por um corpo, enquanto Pilatos, instigado, no seu otimismo, pela convicção de que o poder de César não mais seria abalado, responde a José com a palavra "ptoma", que quer dizer cadáver ou imundície. O otimismo dos inimigos termina com os guardas apostados não para impedir a Ressurreição, mas para impedir que os Apóstolos, depois de terem roubado o corpo, possam dizer que Ele ressurgiu da morte. Finalmente, vitória conclusiva, colocam uma enorme pedra diante do túmulo de Jesus, e Aquele que foi chamado "a pedra" está agora prisioneiro por meio de uma pedra. Era para não ressuscitar mais. Ainda antes de Nietzsche escrever as suas nojentas blasfêmias, já os inimigos haviam assinalado a sua vitória aparente: Deus morreu.

Por outro lado, os amigos estavam demasiado pessimistas e desanimados. Apesar de terem ouvido dizer a Nosso Senhor que ressuscitaria três dias depois da Sua morte, ainda não acreditaram. As mulheres vão ao sepulcro com perfumes que haviam preparado, não para festejarem o Senhor Ressuscitado, mas para ungirem o Seu corpo morto. Muito longe de esperarem a Ressurreição, perguntaram. entre si: "Quem nos há de desviar a pedra que está à porta do sepulcro?" A própria Maria Madalena, que ressuscitou da morte do pecado para a renovação da vida divina e que ouviu de viva voz ao Senhor que Ele é a Ressurreição e a Vida, vem com perfumes e prantos não aguardar uma Ressurreição, mas chorar a perda dAquele que ela amava e que morreu. Encontrando o túmulo vazio, não pensa que Ele tenha ressuscitado, e é com lágrimas que responde ao Anjo, porque levaram o seu Senhor e não sabe onde O puseram. Finalmente, quando o Senhor lhe aparece no jardim, nem sequer levanta o olhar; dirige-se à pessoa que supõe ser o jardineiro tratando-o por "senhor" e pergunta-lhe: "Se tu o levaste, diz-me onde O puseste, e eu irei buscá-lO". Ela espera encontrar o cadáver para Lhe dar uma nova sepultura; não está preparada para se encontrar perante o vencedor da morte. Mas quando o Senhor lhe fala, reconhece-O e trata-O pelo nome que Lhe dão os Seus íntimos: Rabboni – Mestre. Corre a dar a notícia a Pedro e a João, os quais, incrédulos, a definem como "história de mulheres".

Na tarde da Páscoa, tornando-se companheiro de viagem dos Seus discípulos no caminho de Emaús, Jesus encontra-os abatidos, sem ânimo, porque, decorridos três dias após a Morte do Mestre, começam a recear que Ele não seja o Redentor de Israel, conforme tinham esperado. E sete dias mais tarde, o apóstolo Tomé afirma que não dará crédito à notícia, enquanto não tocar com os seus próprios dedos nas mãos de Jesus e com as mãos no lado do mesmo Senhor. Nesta altura o Senhor aparece. "Põe aqui o teu dedo e observa as minhas mãos! Abre a tua mão, coloca-a no meu lado e não sejas incrédulo, mas fiel!" É evidente que a única coisa que os Apóstolos e os partidários de Nosso Senhor não esperavam era a Sua Ressurreição. Ele apareceu no meio da neblina espiritual que os envolvia e, para lhes dissipar o medo, disse-lhes: "Por que estais vós perturbados? E por que surgem no vosso coração pensamentos de dúvida?"

Eu peço a Nosso Senhor que, neste dia de Páscoa, repita aos Seus amigos: Por que estais vós deprimidos, diminuídos e o vosso coração perturbado? Alegrai-vos com o fato de as sombras e as perseguições encherem a terra. Não vos disse o Mestre que, assim como O perseguiram a Ele, assim haviam de perseguir-vos também a vós? Perdemos a virtude cristã da esperança? Por que havia a nossa conduta de ser diferente da dos cristãos do primeiro século? Eles olhavam o mundo com desconfiança, aguardando a cada momento o fim dele precedido da vinda de Jesus e do Juízo. Mas encaravam esse fim corajosamente: com a fé na Ressurreição, procuravam as coisas mais altas.

Hoje, pelo contrário, são inúmeros os que da Ressurreição desejam mais a certeza do que a felicidade. Somos como aqueles passageiros que, numa viagem por mar, se preocupam mais com os cintos de salvação do que com o beliche; que numa viagem aérea se interessam mais pelo paraquedas do que com a beleza do céu de Deus; ou que numa viagem por terra se preocupam não com o passeio, mas com o encontrarem estações de pronto-socorro. Digamos antes com São Paulo: "Se Cristo não ressuscitou, somos os mais miseráveis de todos os homens". Como podemos nós admitir que Deus reserve para os Seus filhos todos os pesares e para os Seus inimigos todas as alegrias? Porventura estamos nós condenados a dependurar as nossas harpas nos salgueiros, a cantar só dolorosos lamentos, enquanto que aos filhos de Satanás está reservado o riso e a felicidade do coração? Oh, não! Por aquele espírito de adoção, que não é espírito de escravidão nem de medo, voltemo-nos para Deus, chamando-Lhe "Pai". Não temais! Convencei-vos de que Aquele que entrou no Sepulcro é a própria Verdade, e a Verdade espezinhada há de ressurgir.

Dostoievsky conta a história de dois homens que estão observando o quadro de Holbein "A deposição da Cruz". Diz um deles: "Gosto de contemplar este quadro". Responde o outro: "Por causa deste quadro, muitos têm perdido a fé". E tem razão. Este quadro destruiria a fé de um materialista, de um ateu, de um comunista e de quantos creem que depois da morte não há nada. Se Cristo morreu e não ressuscitou, é impossível crer na bondade de Deus e na dos homens. Mas se Aquele que do mundo escolheu o pior, venceu, então o mal nunca poderá prevalecer. Alegrai-vos, porque Aquele que estava morto, agora vive; e embora os sinos anunciem a execução da Igreja, essa execução será eternamente adiada.

Vós, pois, os que acreditais na Ressurreição, não percais a coragem! Lembrai-vos de que a Igreja, como Jesus, não só continua a viver, mas tem sobrevivido milhares de crucifixões através de milhares de ressurreições. Apesar de a cortina de ferro ter sido abaixada contra o Evangelho de Jesus, na Rússia, e a cortina de bambu contra a Igreja, na China, tende a certeza de que Aquele que quebrou a Pedra, infligindo à terra a única ferida grave por ela recebida, a de um túmulo vazio, levantará um dia as cortinas, obscuridades que precedem a luz, e Aquele que julgáveis morto caminhará sobre as asas da manhã.

Não vos deixeis desmoralizar com o pensamento da bomba atômica, a perguntardes uns aos outros apavorados: "Morreremos?" Mas antes, à luz da Redenção, perguntai: "Ressuscitaremos?" Mesmo que os sábios se possam apoderar do átomo do sol para o despedaçarem e desintegrarem, lembrai-vos de que em Fátima Nossa Senhora apareceu trazendo consigo o Sol, vestindo-o como um traje, a recordar-nos que o sol e os raios pertencem a Ela e à vida, e não aos ateus e à morte.

Se ouvirdes falar da diabólica maldade dos homens cuja bandeira está vermelha pelo sangue das suas vítimas; se ouvirdes falar daqueles que martirizam corpo e alma, criando mártires, como os Mindzenty, os Stepinac e os Beran, estai certos de que esses espíritos esmagados e esses corpos hão de provocar um castigo celeste mais forte do que o chamado pelo sangue de Abel e que um novo dia de esperança surgirá, quando esses homens cantarem o réquiem sobre o túmulo dos que venceram a batalha, mas perderam o dia.

Deus nunca permite o mal, sem dele tirar algum bem. O comunismo é um mal, mas na Providência Divina pode ser o elemento fertilizante de uma nova civilização; a morte paira sobre o mundo no inverno da sua insatisfação, a fim de preparar a terra morta para revelar os seus segredos no florescer da nova primavera do espírito.

É muito possível que neste segundo milênio da história cristã, o mundo se encontre na fase de um novo nascimento e que a mensagem cristã passe do Ocidente para o Oriente. Dentro em breve, o Crucificado Corpo Místico de Cristo estenderá Suas mãos ensanguentadas sobre os Japoneses que puseram nelas a flor de lótus para transformarem as feridas do ódio nas chagas do amor. Levará aos chineses o Seu corpo ferido e dilacerado; então os estropiados e os coxos, os cegos e os famintos estenderão as suas mãos sagradas e afastarão dos nossos olhares os vestígios de uma noite para sempre passada. Aos povos da Índia mostrará a Chaga aberta no Seu Lado, e aqueles que procuram a paz num Nirvana inconsciente, serão finalmente arrastados até ao Seu Coração, no amor que é a salvação da alma. Enfim, Aquele que penetrou na obscuridade através de uma coroa de espinhos se voltará para a África, para os povos da Nossa Senhora negra, e eles Lhe arrancarão os espinhos para O coroarem de flores, umas desabrochadas, outras em botão brancas, como as suas almas perfumadas como a sua fé.

Não percais o ânimo! Lembrai-vos de que o vosso Rei é Aquele que, embora pareça oscilar no Seu trono e ceder as Suas horas em proveito do mal, acaba sempre por vencer a batalha. Dizei com São Paulo:

"Quem nos afastará do amor de Cristo? A tribulação ou a angústia? A fome ou a nudez, o perigo, a perseguição ou a espada? Estou, pois, convencido de que nem a morte nem a vida, nem os anjos nem os principados, nem as virtudes nem as coisas atuais ou futuras, nem as potestades, nem as alturas, nem as profundidades, nem criatura alguma poderá separar-nos do amor de Deus em Cristo Jesus Senhor Nosso".

No amor de Jesus!

# NOSSA SENHORA
# E A RÚSSIA

No nosso mundo tornou-se tão triviais o julgar-se um acontecimento pela sua relação com outro, que se está perdendo de vista um critério bem mais importante no julgar: o Eterno, que intervém na história, anulando os mesquinhos e fúteis valores do espaço e do tempo.

Como daqueles que vivem num universo de duas dimensões – em que existe apenas a direita e a esquerda, sem a "altura" e a "baixeza" – não se pode pretender que saibam de certas revelações celestes, será útil recordar que as duas mais importantes manifestações produziram-se quando o mundo mais precisava delas e lhes prestava menor atenção.

A primeira verificou-se no ano em que nasceram as ideias que formaram o nosso mundo moderno, a outra, no ano em que essas ideias se traduziram em ação.

Se há um ano em que possamos dizer iniciado o mundo moderno – e como tal o entendemos em antítese com o mundo cristão –, esse ano cairia aí por 1858.

Precisamente nesse ano, John Stuart Mill escreveu o seu "Ensaio sobre a liberdade", no qual a liberdade se identificava com o abuso e a ausência de responsabilidades sociais; nesse ano publicou Darwin a sua "Origem das espécies", em que, desviando o olhar do homem dos seus eternos destinos, o faz olhar só para um passado animal. No ano 1858, Ricardo Wagner escreveu as suas obras em que fazia reviver o mito da superioridade da raça teutônica. No ano de 1858 Karl Marx, fundador do comunismo, escreveu a sua "Introdução à crítica da Economia Política" em que coroava a Economia como fonte da vida e da cultura.

Destes quatro homens nasceram as ideias que dominaram o mundo durante quase um século: que o homem não é de origem divina, mas animal; que a sua liberdade é abuso e ausência de autoridade e de lei; que, privado de espírito, ele é parte integrante da matéria do cosmos e que, portanto, não tem necessidade de religião.

Nesse mesmo importante ano de 1858, a 11 de fevereiro, aos pés dos Pirineus, em França, na pequena aldeia de Lourdes, a Bem-aventurada Virgem apareceu pela primeira das 18 vezes a uma mocinha aldeã cujo nome de família era Soubirous. É hoje conhecida por Santa Bernardette.

Quatro anos depois de a Igreja ter definido o dogma da Imaculada Conceição, os céus abriram-se, e Nossa Senhora, tão bela que não podia parecer terrena, falou a Bernardette, dizendo: "Eu sou a Imaculada Conceição".

No mesmo momento em que o mundo negava a culpa original e, sem o saber, dizia que todas as pessoas nasciam sem pecado original, a nossa Bendita Mãe declarava: "Só eu sou a Imaculada Conceição".

Notai que não disse: "Eu fui concebida imaculada".

Havia, pouco mais ou menos, entre Ela e a Imaculada Conceição a mesma identidade que entre Deus e o "ser", como o Senhor declarou sobre o Monte Sinai, quando afirmou: "Eu sou Aquele que é".

Assim como o "ser" é a essencial natureza de Deus, assim a Imaculada Conceição é o natural privilégio de Maria.

## NOSSA SENHORA

Se só Ela foi concebida imaculada, é que todos os outros seres humanos nascem com o pecado original; se não há pecado original, então todos são concebidos imaculados. O reclamar este privilégio como Seu, significou a implícita condenação daquelas ideias que iniciaram o novo mundo anticristão.

Contra os que acreditavam apenas na natureza material do homem, Nossa Senhora convidava os homens a serem peregrinos ao Seu altar, como reconhecimento do espírito; contra os que reduziam o homem a um animal e o animal à natureza, a Mãe Divina estimulava os homens a erguerem-se acima do animal na sua suprema aspiração para Deus; contra os que faziam degenerar a liberdade em abuso, o Eterno reafirmava que só a Verdade Divina nos torna livres pela gloriosa liberdade de filhos de Deus; contra os que proclamaram a religião como o ópio do povo, Ela vem libertar os homens do ópio da mentira e nobilitá-los até à gloriosa possibilidade de se tornarem herdeiros do céu.

O mundo não fazia caso do chamamento espiritual do céu.

As ideias pagãs de 1858, declarando que o homem era um animal, que a liberdade era a libertação da lei, que a religião era anti-humana, depressa transpuseram as páginas de um livro e as quatro paredes de uma aula, para resultarem na violência da Guerra Mundial 1914-18. Lançai um rápido olhar pelo mundo e observai o que acontecia a 13 de maio de 1917 em três grandes cidades (a América entrara na guerra pouco tempo antes, na Sexta-feira Santa desse mesmo ano)

Roma: em 13 de maio de 1917, Bento XV impunha as mãos a Monsenhor Eugênio Pacelli, fazendo dele um sucessor dos Apóstolos. No momento em que os sinos de Roma estavam anunciando o Angelus, era dado à Igreja um novo bispo, que um dia viria a ascender, por ocultos desígnios da Providência, ao trono de Pedro e a governar a Igreja Universal como nosso Santo Padre Pio XII.

Moscovo: 13 de maio de 1917. Maria Alexandrovith estava ensinando o catecismo numa das igrejas de Moscovo. Tinha diante de si duzentas crianças sentadas em bancos. Ouviu-se um forte ruído junto à porta principal: homens a cavalo irromperam pela nave central da igreja, saltaram por sobre a balaustrada do transepto, destruíram o altar, depois cavalgaram pelas naves laterais, destruindo as imagens, e finalmente descarregaram sobre as crianças, matando algumas. Maria Alexandrovith correu para fora da igreja a gritar. Era a primeira daquelas esporádicas explosões de furor que precederam a Revolução comunista. A jovem dirigiu-se a um dos revolucionários, que depois se veio a tornar famoso, e gritou-lhe: "Aconteceu uma coisa terrível: estava eu a ensinar o catecismo na igreja, quando surgiram uns homens a cavalo, caíram sobre as crianças e mataram algumas". O revolucionário respondeu: "Eu sei disso. Fui eu mesmo que o mandei".

Fátima, Portugal: 13 de maio de 1917. Três crianças da freguesia de Fátima – Jacinta, Francisco e Lúcia – estavam guardando o seu rebanho, quando se ouviram as Ave-Marias no sino da igreja próxima. Os três pastorinhos ajoelham e, conforme era hábito de todos os dias, rezavam juntos o Rosário. Ao acabarem, resolveram construir uma casinha que os abrigasse nos dias de tempestade. Os três pequenos arquitetos foram inesperadamente interrompidos por um relâmpago deslumbrante e olharam ansiosos para o céu. Nem uma nuvem toldava o esplendor da tarde. Foi um simples relâmpago de luz, seguido de outro. E quando iam fugir, viram a dois passos de distância, sobre a rama verde de uma azinheira, uma "linda Senhora" mais resplandecente do que o sol. Com um gesto de gentileza maternal, a Senhora disse-lhes: "Não tenhais medo, eu não vos faço mal." A Senhora era muito formosa; parecia ter entre 15 e 18 anos de idade. O seu vestido, branco como a neve, e atado em volta do pescoço por um cordãozinho de ouro, descia até aos pés que mal se viam, enquanto tocavam, nus, os ramos da árvore. Um véu branco, bordado a ouro, cobria-Lhe a cabeça e os ombros, caindo até aos pés como vestido. As Suas mãos estavam juntas à altura do seio, em atitude de oração; um rosário de brilhantes pérolas com uma cruz de prata pendia-Lhe da mão direita. O Seu rosto, de incomparável beleza, resplandecia num halo luminoso como o sol, mas parecia velado por uma tênue sombra de tristeza.

A primeira a falar foi a Lúcia:

"Donde vem?"

"Venho do Céu" – respondeu a Senhora.

"Do Céu"! E para que foi que veio aqui?" – perguntou.

"Vim para te pedir que voltes aqui durante seis meses consecutivos, no dia 13 de cada mês, a esta hora. No mês de outubro te direi quem sou e o que quero". Precisamente no instante em que, na extremidade oriental da Europa, o "Anticristo" se desencadeava, não só contra a verdadeira religião, mas contra a profunda ideia de Deus e contra a sociedade, na mais terrível carnificina da história, eis que aparece em todo o seu esplendor, na extremidade ocidental da Europa, a grande e eterna inimiga da serpente infernal.

Das seis aparições de Nossa Senhora àquelas crianças, a mais importante foi a de 13 de julho. Devemos lembrar-nos de que estava no terceiro ano da Primeira Guerra Mundial. Depois de ter mostrado às crianças uma pavorosa visão do inferno, a formosa Senhora disse, suavemente, mas com tristeza: "Vós vistes o Inferno, para onde vão os pecadores. Para salvar essas almas, Deus quereria que se estabelecesse no mundo o culto do meu Coração Imaculado. Se as pessoas fizerem o que vos disse, muitas almas se salvarão e encontrarão a paz".

Depois falando da Primeira Guerra Mundial, disse: "A guerra acabará. Se as pessoas fizerem o que vos disse, muitas almas se salvarão e encontrarão a paz".

Veio depois a observação que talvez os homens, à diferença dos de Nínive, não viessem a fazer penitência. E então acrescentou: "Se as pessoas não deixarem de ofender a Deus, não passará muito tempo (será precisamente durante o próximo Pontificado) até que rebenta uma outra e mais terrível guerra.

Foi, de fato, durante o Pontificado de Pio XI que deflagrou a tremenda guerra da Espanha, prelúdio da terceira guerra mundial.

Nesse período, os Vermelhos, no seu ódio contra a religião, massacraram cruelmente 13 prelados, 14 mil padres e religiosos, destruíram 22 mil igrejas e capelas.

Nossa Senhora explicou quando essa segunda guerra mundial devia começar: "Quando virdes uma noite iluminada por uma misteriosa luz, sabei que por esse sinal Deus vos adverte de que está iminente o castigo do mundo pelas suas muitas transgressões, através da guerra, da fome e da perseguição à Igreja e ao Santo Padre".

Perguntou-se mais tarde a Lúcia, exatamente quando apareceu o sinal, e ela disse tratar-se da extraordinária aurora boreal que iluminou grande parte da Europa na noite de 25 para 26 de janeiro de 1938. Falando da guerra, Lúcia disse: "será horrível, horrível" – todos os castigos de Deus são condicionais e podem ser evitados com a penitência. Reparai bem que, no dizer de Nossa Senhora, a Segunda Guerra Mundial podia ter-se evitado, pois Ela acrescentou: "Para poupar a isto os homens, pedirei a consagração do mundo ao meu Coração Imaculado, e a Comunhão no primeiro sábado de cada mês. Se os meus pedidos forem ouvidos, a Rússia será convertida; e haverá a Paz. De contrário, a Rússia espalhará os erros pelo mundo, dando origem a guerras e perseguições contra a Igreja. O justo padecerá o martírio e o Santo Padre sofrerá muito. Diversas nações serão destruídas".

Nesta altura, a Igreja pensou que seria de seu dever calar uma parte da mensagem; qual fosse essa mensagem, não o sabemos. Aparentemente não deviam ser boas notícias, e pareciam referir-se aos nossos tempos. No entanto, nós conhecemos o epílogo da mensagem com a sua esperança de alegria: No final, o meu Coração Imaculado triunfará. O Santo Padre consagrará a Rússia ao meu Coração Imaculado, e a Rússia será convertida; começará uma era de paz para o mundo".

A última aparição deu-se a 13 de outubro de 1917, quando Nossa Senhora prometeu realizar um milagre tal, que todos os presentes pudessem acreditar nas suas aparições. Na tarde de 12 de outubro, todas as estradas de Fátima estavam atulhadas de veículos, bicicletas e peregrinos, a caminho da Visão. Reuniu-se uma multidão de 60 mil curiosos, muitos deles descrentes e trocistas. Lúcia pediu ao povo que olhasse para o sol. Deixou de chover e imediatamente as nuvens se dissiparam, deixando ver uma grande extensão de céu azul.

Apesar de não haver uma nuvem sequer a toldar o céu, o sol no seu pleno fulgor não deslumbrava, e todos o podiam fitar sem dificuldade. Subitamente, o sol pôs-se a oscilar com movimentos bruscos e começou a rodopiar vertiginosamente sobre si mesmo, como um disco de fogo, projetando em todas as direções grandes raios de luz verde, vermelha, violácea, amarela e azul, colorindo de maneira fantástica as nuvens, as árvores, os penedos, a terra. Passados uns quatro minutos, o sol parou. Um momento depois, retomou, por um segundo, o seu fantástico movimento, com a sua irreal dança de luz e cor, mais extraordinária do que se poderia imaginar, como a mais singular peça de fogo de artifício. Uma vez mais, após alguns minutos, o sol interrompeu a sua dança prodigiosa. Depois de uma breve pausa, pela terceira vez, se tornou mais brilhante. Durante doze minutos este maravilhoso fenômeno foi verificado num raio de mais de 25 quilômetros quadrados, por cada uma das pessoas presentes. Mas não foram tanto as três rotações do sol que deixaram a multidão perplexa, como a terrível queda do sol. Foi o momento culminante do grande milagre, o momento mais terrível, que ergueu finalmente todas as almas para Deus num único ato de Contrição e Amor.

# FULTON J. SHEEN

No meio daquela louca dança de fogo e de cores, como uma roda gigantesca que por muito girar se desprendeu do seu eixo, o sol deixou o seu lugar no firmamento, caiu em zigue-zague dos céus, como se fosse precipitar-se em cima da multidão que se encontrava por debaixo dele, dando aos espetadores uma clara expressão da cena do fim do mundo predita no Evangelho, quando o sol e as estrelas cairão desordenadamente sobre a terra. Então da multidão apavorada elevou-se de súbito um grito terrível, um imenso grito suplicante com o religioso terror de almas que se preparam para a morte, fazem profissão da sua fé e pedem a Deus o perdão dos seus pecados. Como por uma secreta intuição, os espetadores caíram de joelhos na lama e rezaram, com a voz entrecortada de soluços, o mais sincero ato de Contrição, jamais saído dos seus corações. Finalmente, parando de repente na louca descida, o sol tornou a subir ao seu lugar em zigue-zague como se tinha precipitado e acabou por retomar gradualmente a sua luminosidade no límpido céu. Não obstante todos se terem encharcados com a chuva durante a manhã, logo depois da Visão, as roupas de todos estavam perfeitamente enxutas.

Não estou aqui para provar a autenticidade destas revelações, porque aqueles que creem no reino do Espírito e na Mãe de Deus não têm necessidade de provas, e os que renegam o Espírito não aceitariam as provas em caso algum. Que significado poderemos nós ver na aparente queda do sol sobre a multidão de Fátima naquele outubro de 1917? Não podemos garantir, mas como o seu efeito geral foi tão medonho, podemos tentar uma explicação. Talvez signifique que os homens hão de roubar um dia uma parte da energia atômica ao sol e utilizá-la não para iluminar o mundo, mas como uma bomba que se lança dos ares por sobre uma população inerme. Quando a fome alastrava pela terra, quando a guerra destruída a herança acumulada durante séculos, quando o homem se comportava como um lobo para com o outro homem, e quando grandes campos de concentração, qual outro Moloch, tragavam milhares e milhares de desgraçados, os homens podiam

## NOSSA SENHORA

sempre erguer os olhos ao céu para esperarem. Se esta terra era tão cruel, ao menos os céus eram misericordiosos. Talvez aquela aparição vaticinasse que, agora, até os céus se lançariam contra o homem e os seus fogos seriam desencadeados contra os indefesos filhos de Deus. Se foi ou não um prenúncio da bomba atômica, nós não o sabemos. Uma coisa é certa: que não perderemos ainda a esperança. E no meio de tantas nuvens, podemos ainda erguer os olhos ao céu para vermos Nossa Senhora com a lua debaixo dos pés, com uma coroa de estrelas na cabeça, e o sol sobre Ela. O Céu não é contra nós e não nos destruirá, enquanto Ela reinar como Senhora do céu.

Outra razão é que a Divina Providência confiou à mulher o poder de esmagar o demônio. No primeiro e funesto dia em que o demônio foi introduzido no mundo, Deus falou à serpente no Paraíso Terreal e disse: "Eu porei inimizade entre ti e a mulher, entre a tua descendência e a Sua descendência e tu serás esmagada pelo seu calcanhar" (Gn 3, 15). Por outras palavras, o Mal terá descendência. Do mesmo modo o Bem terá descendência. É através do poder da mulher que o mal será esmagado. Vivemos agora na hora do demônio porque, embora o bem tenha o seu dia, o mal tem a sua hora. O nosso Bendito Senhor assim o disse, na noite em que Judas se Lhe dirigiu no Jardim das Oliveiras: "Esta é a tua hora, o reino das trevas" (Lc 22, 53). Tudo o que o demônio pôde fazer nessa hora foi extinguir a luz do mundo; mas pôde fazê-lo. Se, portanto, vivermos num dia em que foi dada rédea larga ao demônio, nós não podemos esmagar o espírito de Satanás senão através do poder daquela Mulher a quem Deus onipotente confiou o encargo de pisar a cabeça da serpente.

Traduzindo tudo isto nos concretos problemas do nosso mundo, significa talvez que a terceira guerra mundial, que nós tememos, virá sobrecarregar com a sua miséria e com a sua dor uma humanidade já experimentada por duas guerras mundiais em 21 anos. Será possível evitar esta catástrofe cósmica? Por certo que não é a política que a pode evitar, porque abandonando as ideias de justiça da Carta do Atlântico [18] lançaram-se as sementes de uma outra guerra.

É igualmente certo que a não poderá evitar um plano econômico, social ou militar, porque o perigo da guerra há de existir enquanto os homens estiverem sem Deus, e forem egoístas, ávidos de bens terrenos. A única esperança do mundo é um milagre. Só Deus pode evitar a guerra, e o fará através da nossa Mãe Bendita. Como isso há de acontecer, nós não o sabemos, mas é certo que, se a Rússia viesse a reaver um dia o dom da fé, ela conduziria o mundo à paz. Pensai por um momento na transformação que operaria na Rússia uma única visão da nossa Bendita Senhora. México converteu-se devido a uma visão em Guadalupe. A Roma pagã converteu-se depois de 300 anos de perseguição à Igreja. A Rússia ateia não está mais longe da graça divina do que estava Roma.

Devemos rezar para que a Rússia se converta, pois guiará ainda o mundo àquela paz que só a fé pode dar. Mas o gênero humano deve dar a sua parte, porque nós somos cooperadores no querer de Deus. Antes que esse milagre se produza, deve haver uma grande manifestação social de amor a Deus, por intermédio da devoção ao Coração Imaculado de Maria. A nossa Bendita Mãe pediu uma consagração do mundo; o Santo Padre, no 25º aniversário da sua consagração episcopal e no 25º aniversário da revelação de Fátima, consagrou, em 1942, o mundo ao Coração Imaculado de Maria. Aguardamos agora a consagração da Rússia ao Coração Imaculado de Maria, não só pelo Santo Padre, mas por todos os bispos da Igreja.

Pela nossa parte, além de trazermos o escapulário de Nossa Senhora do Carmo, como a contribuição mínima para essa cruzada de orações, nós que temos fé, devemos:

---

18. A Carta do Atlântico foi resultado de uma Conferência de mesmo nome. Assinada por Winston Churchill (primeiro-ministro britânico) e Franklin Roosevelt (presidente dos Estados Unidos) em agosto de 1941, estabeleceu uma visão Pós-Segunda Guerra Mundial. É considerada um dos primeiros passos para a formação da Organização das Nações Unidas (ONU). (N.R.)

1) Receber a Sagrada Comunhão no primeiro sábado de cada mês e rezar durante 15 minutos a Nossa Senhora como reparação pelos pecados do mundo.

2) Rezar todos os dias o Rosário pela conversão da Rússia.

Nós, que acreditamos, não podemos esquecer que em 8 de dezembro de 1846, o Concílio Baltimore consagrou os Estados Unidos ao Coração Imaculado de Nossa Senhora. Foi só oito anos mais tarde que a Igreja proclamou o dogma da Sua Imaculada Conceição.

Nas nossas moedas foi gravada a palavra "Em Deus confiamos." Sobre a nossa nação está invisivelmente escrita a consagração da nossa Pátria à Imaculada Conceição. Acima dos céus e da história está escrita a Divina promessa contra a Serpente do mal: "e Ela esmagará a tua cabeça." Resta escrever nos nossos corações um contrito amor ao Imaculado Coração de Maria. Possa este amor exprimir-se todos os dias com tais sinais de amor e de virtude, que no último dia, quando comparecermos na presença de Deus para sermos julgados, O possamos ouvir pronunciar as mais consoladoras palavras como garantia da nossa salvação eterna: "Eu ouvi minha Mãe falar de vós."

No amor de Jesus!

@edgratiaplena

**Edições Gratia Plena**
© Copyright 2021 - Todos Direitos Reservados